Linda Jarosch

Ab morgen trage ich Rot

Frauen entdecken ihre Freiheit

Vier-Türme-Verlag

Bibliografische Information der Deutschen Nationalbibliothek
Die Deutsche Nationalbibliothek verzeichnet diese Publikation in der Deutschen Nationalbibliografie. Detaillierte bibliografische Daten sind im Internet über http://dnb.d-nb.de abrufbar.

FSC
www.fsc.org
MIX
Papier aus verantwortungsvollen Quellen
FSC® C014889

5. Auflage 2012

Lektorat: Dr. Thomas H. Böhm
Umschlaggestaltung: Elisabeth Petersen, München
Umschlagmotiv: plainpicture/Fancy
Satz: Vier-Türme GmbH, Benedict Press, Münsterschwarzach
Druck und Bindung: Friedrich Pustet KG, Regensburg
ISBN 978-3-87868-667-5

www.vier-tuerme-verlag.de

Inhalt

Gedanken einer Frau, die sich befreien will

Ich verabschiede mich
von Verhaltensmustern, die mich lähmen,
von meinem Zwang, geliebt zu werden,
von meiner Sucht, gebraucht zu werden.
Und ab morgen trage ich ROT!

Ich trenne mich
von meiner mütterlich beschützenden Rolle,
von meiner Überverantwortung,
von Erwartungen, die mich fesseln.
Und ab morgen trage ich ROT!

Ich entscheide mich
gegen die Farblosigkeit meines Lebens,
gegen alle Anspannung und Verkrampfungen,
gegen Resignation und Energieverlust.
Und ab morgen trage ich ROT!

Ich lasse los
den Teufelskreis meines Selbstmitleids,
das Bespiegeln meiner Wunden,
den bitteren Blick auf die Vergangenheit.
Und ab morgen trage ich ROT!

Ich will in Kontakt sein
mit dem göttlichen Kern in mir,
mit der Quelle meiner Liebe,
mit meiner ureigenen Lebensfreude.
Und ab morgen trage ich ROT!

Ich werde
ohne Schuldgefühle mein Leben genießen,
die Leichtigkeit wiederentdecken,
das Leben in seiner ganzen Fülle leben.
Und ab morgen trage ich ROT!

Ich wiege mein inneres Kind,
ich nähre es mit meiner Liebe,
ich umarme mein erwachsenes Ich.

Es ist ROT!

Eine Seminarteilnehmerin

Einführung

Egal, wie Ihr Leben bisher verlaufen ist, Sie können das Alte hinter sich lassen und neu anfangen. Alle Kräfte, die Sie dafür brauchen, haben Sie bereits in sich. Dieses Buch ist für alle Frauen geschrieben, die Lust darauf haben, etwas in ihrem Leben zu verändern und frischen Wind hineinzubringen.

Viele Frauen spüren heute einen Aufbruch in sich. Sie wollen sich verabschieden von Lebensmustern, die ihnen keine Energie mehr geben. Sie wollen Denkmuster hinter sich lassen, mit denen sie sich immer wieder begrenzen. Sie möchten sich aus Einseitigkeiten lösen und andere Seiten aus sich hervorbringen. Sie suchen nach Lebensformen, in denen sie gleichermaßen ihre weiblichen und männlichen Kräfte entfalten können.

Die Emanzipation hat Frauen viele Freiräume geöffnet, die sie mit neuen Ausdrucksmöglichkeiten füllen konnten. Diese Entwicklung war ein wichtiger Schritt für Frauen. Dadurch können sie heute in vielerlei Bereichen zeigen, welche Begabungen in ihnen stecken. Trotzdem spüren viele Frauen, dass sie nicht im Gleichgewicht sind. Sie spüren, dass ihnen manche Seiten ihres Weiblichen verloren gegangen sind und sie die Verbindung dazu wieder finden müssen.

Ab morgen trage ich Rot steht für Aufbruch, für eine Entscheidung, etwas hinter sich zu lassen und voranzugehen. Dieser Satz drückt Entschlossenheit aus, denn er heißt nicht: Ich möchte oder ich würde gerne, er heißt: Ich trage Rot. Darin liegt ein klares Ziel: Das Ziel, mich neu zu zeigen und dadurch zu neuer Energie, zu mehr Liebe und zu größerer Lebenskraft zu finden. »*Ab morgen trage ich Rot!*« verspricht eine Handlung, ein Tun, aber auch einen Prozess des Werdens.

Ich entscheide mich für die Kräfte, die meinem Leben Farbe geben

Diesem Satz, »*Ab morgen trage ich Rot!*«, geht zunächst eine Erkenntnis voraus: Die Erkenntnis, was sich gerade in meinem Leben eben nicht rot, nicht kraftvoll, nicht liebevoll anfühlt, sondern was eher farblos, vielleicht freudlos, grau oder energielos geworden ist.

Dieses Erkennen, was fehlt, geschieht im Heute. Es geschieht im alltäglichen Spüren, in welchen Bereichen ich meine Freude verloren habe, wo mir Lustlosigkeit oder Erschöpfung die Energie rauben, wo ich aus Enttäuschung meine Liebe zurückgenommen habe oder wo ich Lebenskraft verloren habe. Es geschieht aber auch im Wahrnehmen, wann eine Aufgabe erfüllt ist und jetzt losgelassen werden will.

Solche Zeiten kennen wir alle, sie gehören zum Leben. Wir erfahren sie, wenn wir lange Zeit Gefühle aus Angst vor Ablehnung oder Bewertung zurückhalten. Auf einmal spüren wir, wie sehr uns Lebendigkeit fehlt.

Wir geben oft all unsere Energie und Freude in eine Aufgabe und erkennen plötzlich, dass wir darin keine Zufriedenheit und Erfüllung mehr finden, sondern lustlos werden.

Wir durchleben auch in der Liebe Zeiten der Farblosigkeit. Alles geht seinen gewohnten Gang, da ist kein Esprit, keine Frische, keine Phantasie mehr.

Wir können Trennungen und Krankheiten erfahren und all unsere Kräfte zum Überwinden brauchen, so dass wir für andere Bereiche keine Lebenskraft mehr haben.

Diese Erfahrungen können wir nicht umgehen. Sie werden uns im Leben immer wieder begegnen. Aber wir sind nicht darauf festgelegt. Wir haben die Stärke in uns, etwas loszulassen, was vorbei ist. Wir sind fähig, immer wieder auf Neues zuzugehen und andere Kräfte aus uns hervorzubringen.

Wir können eine Entscheidung treffen und handeln. Allein dieses Entscheiden setzt Kräfte frei. Sie bringen uns in Bewegung, nach vorne zu schauen und etwas in unserem Leben neu zu gestalten. Jede Frau kann für sich sagen: Ich entscheide mich für die Kräfte, die meinem Leben eine neue Farbe geben. Ich will wachsen und mich entwickeln: »*Ab morgen trage ich Rot!*«

Warum Rot?

Rot übt seit jeher eine Anziehungskraft auf den Menschen aus: Rot steht für Herz und Leben, für Vitalität und Lebensfreude, für Liebe und Leidenschaft, für Wärme, Mut und Intensität, ist aber auch Signalfarbe für Gefahr. Rot zieht alle Blicke auf sich. Wenn eine Frau Rot trägt, dann weiß sie, was sie will. Sie nimmt ihren Platz ein, denn an Rot sieht man nicht vorbei. Sie zeigt Mut, zu ihrer Lebendigkeit zu stehen.

So steht Rot für Lebensenergie, für intensives Leben. Es regt uns an, es kann uns auch aufregen. Vor allem kann es uns darin stärken, weiblich lebendig zu sein.

Warum »ab morgen«?

Wenn dieser Satz so viel Entschlossenheit ausdrückt, warum heißt er dann nicht: »*Ab heute* ...«? Kann ich denn nicht gleich heute leben, was ich will? Warum erst morgen? Es wird uns doch immer wieder gesagt, wir sollten im Heute leben. Und kennen wir nicht alle die Versuchung, wichtige Dinge auch gerne zu verschieben und danach zu leben: Morgen, morgen, nur nicht heute? Ist dieses Morgen dann keine Ausrede, aktiv zu werden und etwas zu verändern?

Natürlich können wir uns auch heute verändern und uns anders geben als bisher. Aber wenn wir Verhaltensweisen hinter uns lassen wollen, nach denen wir viele Jahre gelebt haben, dann werden wir sie kaum von einer Stunde auf die andere auflösen. Dann braucht es eine Zeit, in der wir in unsere neue Haltung hineinwachsen. Es ist gerade ein weiblicher Weg, Entwicklungen ihre Zeit zu geben, bis wir uns so reif fühlen, dass unsere ganze Energie uns zum Handeln drängt.

Neues Besinnen auf weibliche Werte und weiblichen Geist

Die Autorin Clarissa Pinkola-Estes hat die Farbe Rot als die Verheißung beschrieben, dass etwas in Kürze aufersteht. Auch im christlichen Glauben steht Rot für Auferstehung: Die Liebe kann alles Leblose in neues Leben verwandeln.

Die Pfingstflamme, das Symbol für den Geist, der Leben hervorbringt, ist in der christlichen Kunst ebenfalls in Rot ausgedrückt. Dieser Pfingstgeist wird auch als die weibliche Lebenskraft Gottes gesehen. Im Hebräischen heißt diese weibliche Kraft »Ruach«, was so viel wie Wind, Atem, Bewegung oder neuer Geist bedeutet. Von diesem neuen Geist können wir uns anstecken lassen.

Er ist die Energie – in der Frau gleichermaßen wie im Mann –, die uns in Bewegung bringt und neu belebt. Er ist die Kraft in uns, die erkennt, wo unsere Lebendigkeit durch Angst blockiert ist, und die uns dazu befähigt, die Türen der Angst aufzumachen und uns mit neuem Mut zu zeigen. Er ist die Inspiration, die uns mitten in Lethargie und Freudlosigkeit auf einmal neue Begeisterung entdecken lässt und die uns Mut macht, in anderen Sprachen zu reden: nicht mehr in der Sprache der Bewertung, der Konkurrenz oder der Lieblosigkeit, sondern in einer achtsamen und mitfühlenden Sprache.

In vielen Bereichen kann uns dieser neue Geist heute beleben. Wenn wir uns davon bewegen lassen, dann können wir unsere eingefahrenen Denkmuster aufbrechen und Phantasie für Neues entwickeln. Dann können wir Weite hineinbringen, wo es im persönlichen Leben zu eng geworden ist, so dass wieder Luft zum Atmen sein kann.

Wir werden dann auch weibliche und männliche Lebenskräfte nicht voneinander trennen, sondern verbinden. Wir werden Aktivität und Ruhe als gleichwertige Seiten achten und Muttersein nicht gegen Berufstätigkeit ausspielen. Wir werden Sinnenfreudigkeit nicht gegen Pflichtgefühl stellen, sondern beidem Wert geben. Wir werden unser weibliches Empfinden nicht hinter Minderwertigkeitskomplexen verstecken, sondern als Stärke leben.

Rot ist Energie – Die eigene Vitalität und Lebenslust stärken

Wir alle wollen vital und lebendig sein, uns gesund fühlen und kreativ sein. Wir wollen eine aktive, lebensfrohe Frau sein. Wenn wir Energie haben, dann haben wir »Tatkraft«: Dann setzen wir unsere innere Motivation auch in die Tat um. So gestalten wir dann etwas durch unsere eigene Kraft oder bringen etwas in Bewegung. Die Freude darüber gibt uns wiederum Vitalität und Lebenslust, wir spüren, dass wir Kraft haben, unser Leben in die Hand zu nehmen.

Farben wirken seit jeher auf die Seele und den Körper des Menschen. So stärkt die Farbe Rot die Lebenskräfte. Sie ist Symbol für Aktivität, Energie und Freude.

Wir Frauen haben diese *rote* Energie. Wir versprühen Vitalität, wenn wir leben, was wir innerlich fühlen, wenn unsere Seele und unser Körper im Einklang sind.

Steine aus dem Weg räumen

Doch diese Harmonie, die aus der roten Energie stammt, ist nicht selbstverständlich. Sie kann uns verloren gehen, wenn wir uns nicht frei fühlen, das zu leben, was in uns steckt.

Von dieser Stärke, nach unserer inneren Wahrheit zu leben, fühlen wir uns häufig abgeschnitten. Wir fühlen uns dann gefangen in Rollen, die nicht unserem wirklichen Wesen entsprechen.

Das Bestreben, es allen recht zu machen, ist beispielsweise eine Rolle, in der wir Frauen uns oft wiederfinden. Wir neigen immer wieder dazu, uns aus Rücksicht auf andere in den Hintergrund zu stellen. Es kann in einem guten Maße durchaus ein Grad der Reife sein, sich zugunsten eines Schwächeren zurücknehmen zu können. Aber wenn wir nicht mehr frei sind zu wählen, wann wir die Wünsche anderer erfüllen wollen und wann wir unsere eigenen leben wollen, dann sind wir in Gefahr, uns für andere aufzugeben.

Viele Frauen haben mir erzählt, dass sie in ihrem Leben öfter Sätze gehört haben wie »Sei nicht so egoistisch!«, »Nimm dich nicht so wichtig!« oder »Die anderen sind wichtiger!«. Wenn sie diese Haltungen verinnerlicht haben, erscheint es ihnen dann wie ein Fehler, auf sich zu schauen und den eigenen Wünschen nachzugehen. Zumindest haben sie dabei immer ein schlechtes Gewissen.

Frauen sind in einer solchen Haltung von den Erfahrungen aus der Vergangenheit bestimmt. Diese Vergangenheit ist zwar vorbei, doch unser Gebundensein daran ist vielfach geblieben. Dieses Unfreisein raubt uns auf Dauer Energie und Lebensfreude. Wir fühlen uns zunehmend frustrierter, weil wir eigene Bedürfnisse von früher her negativ bewerten. Es ist zugleich enorm anstrengend, die eigenen

Wünsche immer wieder zu unterdrücken und uns damit einen Teil der eigenen Lebenslust zu versagen.

In meinen Kursen habe ich Frauen erlebt, die erkannt haben, dass sie diese Rolle der Aufopferung wählen, weil sie sich davon insgeheim auch etwas erwarten. Oft geben sie anderen so viel, weil sie sich in ihrem Tiefsten nach Anerkennung sehnen und von anderen für ihr Geben geliebt werden wollen. Aber sie bekommen diese Anerkennung selten in der Art und Weise, wie sie es sich erhoffen.

Dieser tiefe Wunsch nach Angenommen- und Geliebtwerden stammt oft aus der eigenen Lebensgeschichte und hat seine Ursache in der Kindheit, in der dieser Wunsch auch immer wieder enttäuscht wurde. Damit gilt der heutige Wunsch nach Geliebtwerden mehr dem Mädchen von damals als der Frau von heute. So ist die Suche vieler Frauen immer rückwärts gerichtet – und das kostet sie viel Energie. Frauen werden die liebende Anerkennung nie in dem Maße bekommen, wie sie es wünschen, denn unbewusst suchen sie immer wieder dort nach Liebe, wo sie nicht zu finden ist. Sie erleben erneut ihre kindliche Enttäuschung, ohne sie letztlich aufzuarbeiten. So wird immer wieder ihr alter Schmerz genährt und am Leben erhalten.

In diese Situation kommen Frauen nicht wegen ihrer persönlichen Schwäche, vielmehr ist diese ganz einfach die Antwort auf einen Mangel, der früher erlebt wurde: Es ist ihr Versuch, das vom Leben zu bekommen, was sie braucht. Dieses Verhalten muss und darf nicht bewertet werden, es ist weder gut noch schlecht. Es ist zunächst einmal, wie es ist.

Wenn eine Frau aber erkennt, dass sie mit ihrer bisherigen Art und Weise zu leben nicht zum Ziel kommt, dann ist es

Zeit für einen neuen Weg. Ein neuer Weg braucht dann die klare Entscheidung, das bisherige Muster zu lassen und sich ein neues Ziel zu setzen. Dieses Ziel kann nur heißen: diejenigen Kräfte einzusetzen, die die eigene Lebendigkeit stärken. Dazu gehört auch, dass ich mich als Frau davon unabhängig mache, was andere zu meiner Lebendigkeit sagen.
Viele Frauen haben als Tochter die Anerkennung ihrer Eltern gesucht, aber nie genug Stärkung erfahren. Das bringt sie oft dazu, auch heute noch alles zu tun, um den Eltern zu gefallen. Diese Haltung überträgt sich auch auf andere Menschen und Situationen: Frauen sind dann in Gefahr, in verschiedenen Bereichen ihres Lebens über ihr Maß hinaus zu geben – sei es in der Familie, in ihrer Berufstätigkeit oder in ihrem Engagement für ein Ehrenamt.

Andere nehmen dieses Engagement und diesen Einsatz gerne von ihnen an. Frauen bereichern damit jede Gemeinschaft. Aber sie selbst werden sich irgendwann leer fühlen und bei der geringsten Enttäuschung verletzt sein.
Doch gerade diese Enttäuschungen können uns dazu bringen, eigenständig zu werden und unsere Erwartungen an andere loszulassen. Eine Enttäuschung macht uns fähig, uns auf unsere eigenen Kräfte zu besinnen und in unserer Entwicklung weiterzugehen. So können wir auch erkennen, dass wir nicht mehr das Mädchen von damals sind, das auf die Anerkennung anderer angewiesen war, sondern dass wir heute die Frau sind, die alles in sich hat, was sie braucht. Dann werden wir nicht weiter bereit sein, den Verlust unserer Vitalität und Lebensfreude in Kauf zu nehmen. Wir werden vielmehr Lust haben, jetzt stärker aus der eigenen Kraft zu leben.

Als erwachsene Frau sind wir fähig, uns selbst anzuerkennen und selbstbewusst zu sehen, wer wir sind und was wir leisten. Dann sind wir nicht mehr auf unsere Vergangenheit fixiert, sondern wir können wahrnehmen, in welchen Bereichen wir heute Zustimmung und Gesehenwerden erfahren. Wir können uns daran freuen und es genießen, aber wir sind nicht mehr davon abhängig. Das Lösen aus der Vergangenheit bringt uns neue Energie und erzeugt Lust, unser Leben bewusster in die Hand zu nehmen.

Eine Frau berichtete mir, dass sie als Kind geglaubt habe, weniger geliebt zu sein, wenn sie Gefühle wie Wut oder überschäumende Lebensfreude zeige. Oft sei ihr schon als Mädchen vermittelt worden, dass diese Gefühle nicht richtig seien oder dass sie selbst nicht richtig sei. Dies führte letztlich dazu, dass sie diese Gefühle verleugnet und ihre Wut und ihre intensive Freude in sich vergraben hat. Als Frau ging sie dann sehr streng mit ihrer Lebendigkeit um. Sie bewertete ihre Gefühle nach dem Maßstab von richtig und falsch oder nach stark und schwach. Oft kämpfte sie gegen sich selbst und fühlte sich zwischen der Sehnsucht ihrer Wünsche und der Strenge des Sich-selbst-Verbietens blockiert.

Dieses Blockiertsein, wenn es um den Ausdruck ihrer natürlichen Gefühle geht, spüren viele Frauen. Sie sind unsicher, ob sie sich so zeigen dürfen, wie sie in ihrem Innersten sind, weil sie befürchten, dann weniger gemocht zu werden. Wenn sie aber anderen Menschen begegnen, die spontan und offen ihre Gefühle ausdrücken, wird ihnen oft schmerzhaft bewusst, dass sie durch ihre Zurückhaltung viel an Vitalität verloren haben. Doch in solchen

Situationen kann auch ihre Sehnsucht wieder geweckt werden, ursprünglich und aus sich selbst heraus lebendig zu sein. Und wenn sie sich dann klarmachen, dass sie nicht mehr den Regeln der Eltern – oder anderer – verpflichtet sind, sondern sich selbst, kann diese Sehnsucht der Impuls sein zu sagen: »*Ab morgen trage ich Rot!*«
Der Weg, der uns in unserem Leben voranbringt, gelingt nicht dadurch, dass wir andere verurteilen oder ihnen Schuld zuweisen. Er wird vielmehr möglich, wenn wir aufmerksam werden und spüren, in welcher Situation und wodurch die eigene Kraft gebremst und nicht gelebt wird.

Wir können uns selbst fragen: Fühlt sich das jetzt *rot* und kraftvoll für mich an oder grau und energielos? Was muss ich verändern, wenn ich hier mehr Farbe und Energie bekommen will? Auf das, was wir fühlen, müssen wir mit einer Handlung antworten. Nur so bekommen wir Energie.

Zu viel Pflicht – zu wenig Lebendigkeit

Den Verlust unserer Vitalität spüren wir immer in Zeiten, in denen wir zu einseitig leben. Das Organisieren des Familienalltags oder die Anforderungen im Beruf – oder die Vereinbarkeit von beidem – können so viel Einsatz kosten, dass wir für andere Bereiche keine Energie mehr haben. Dann fehlt uns die Vielseitigkeit und irgendwann leidet die Zufriedenheit.

Wenn solche Zeiten einseitiger Belastung zu lange andauern, dann bleiben viele Bereiche unserer weiblichen Lebendigkeit ungelebt. Unsere unbeschwerte und spielerische Seite, die uns unsere Vitalität schenkt, hat dann keinen Platz mehr.

Eine Mutter von vier Kindern erzählte, dass sie sich durchaus vornehmen würde, diese Seite in sich zu achten. Aber dann sei im Alltag so viel anderes wichtiger. Am Ende eines Tages müsse sie immer resigniert erkennen, dass doch wieder keine Zeit gewesen sei, ihrer eigenen Lebendigkeit nachzugehen. Sie spüre, dass sich ihr Alltag zunehmend grau anfühle und dass sich all ihre *rote* Energie im Funktionieren verbrauche.

Ähnliche Erfahrungen kennen wir alle. Jede Frau kann sich fragen: Warum ist mein Alltag grau? Was würde mir jetzt Farbe geben? Worauf hätte ich Lust zu leben?

Wenn uns eigene Zeit wichtig ist, dann liegt es an uns, sie auch wichtig zu *machen*. Und dann haben wir auch Ideen, wie wir diese Zeit gestalten wollen. Wenn der Tagesablauf es zulässt, können wir uns auch gleich die ersten Minuten am Tag gönnen – anstatt sie uns für den Abend aufzuheben und dann meist nichts mehr übrig ist. Die eigene Zeit ist uns dann etwas wert, wenn wir uns selbst etwas wert sind. Manche Frauen spüren gar nicht mehr, was ihnen wichtig ist. Sie sehen aber neidvoll auf andere Frauen, die sich scheinbar ein »leichteres« Leben machen als sie.

Solche Neidgefühle können Frauen in ihrer Stimmung dann »hinunterziehen« und innerlich bitter machen. Freude und Energie gehen verloren. Wenn sie ihre Gefühle aber als Anreiz nutzen, das selbst zu leben, was sie beneiden, dann bekommt der Neid eine andere Bedeutung.

Vielleicht spüren sie nun, dass sie sich weniger von Perfektion bestimmen lassen sollten. Vielleicht entdecken sie ihre Freude, auch noch ganz anders sein zu können, als sie es bisher gezeigt haben. Tanzen, Musik, Malen oder ein anderes Hobby schenken ihnen nun Lebensfreude, die auch in ihre anderen Aufgaben hineinfließen kann. Ihre eigene Freude steckt auch die Menschen in ihrem Umfeld an. Und wo Freude ist, da ist auch Energie.

Das Funktionieren-Müssen in der Arbeitswelt bestimmt heute viele Frauen. Diese Welt ist oft von männlichen Kriterien geprägt. Frauen versuchen, sich in diese Gegebenheiten einzufügen, aber die Anpassung verlangt eben ihren Preis.

Gerade in männlich-hierarchischen Strukturen verlieren Frauen oft Energie und sie geben es nach und nach auf, dagegen anzukämpfen. Wenn sie aber weiterkämpfen, fühlen sie sich dabei meist als Einzelkämpferinnen, weil sie zu wenig Solidarität durch andere Frauen erfahren.

Manchmal spüren Frauen erst nach Jahren, wie sehr sie ihre männliche Seite überbetont haben und ihre weiblichen Seiten zu wenig leben konnten. Sie erkennen an ihrer Müdigkeit oder ihrem Ausgelaugtsein, dass ihre Kräfte nicht im Gleichgewicht sind.

Mit ihrem Empfinden sind sie nicht allein. Doch sie wagen es kaum, mit anderen Frauen darüber zu sprechen – aus Angst, als schwach zu gelten, oder aus Angst vor Rivalität. Meist misstrauen sie auch ihrem Gefühl, denn würde es zutreffen, müssten sie ihr Leben verändern. Auch die Angst vor dem Verlust des Arbeitsplatzes kann Frauen dazu bringen, ihre Gefühle zu unterdrücken. So bleiben sie oft in einer Situation, die ihrer inneren Wahrheit nicht wirklich entspricht. Manchmal ist es dann der Körper, der ihnen vermittelt, dass etwas fehlt: Er reagiert mit Energielosigkeit oder Krankheit.

Dies kann dann aber der Anlass sein, sich wieder an das Weibliche in uns zu erinnern. Wenn wir unseren aktiven, anpackenden Seiten zu viel Raum gegeben haben, können wir jetzt stärker das Bedürfnis nach Ruhe und Natur spüren oder unsere spirituellen Seiten entdecken.

Je sicherer wir in unserem Selbstwert als Frau sind, desto ausgeglichener werden wir unsere weiblichen *und* männlichen Anteile leben. Sie gehören zusammen. Gerade unsere weibliche Sensibilität hilft uns, immer wieder aufzuspüren, was uns fehlt. Doch dieses Spüren allein reicht nicht, wir müssen entsprechend handeln. Dafür brauchen wir unsere männliche Tatkraft. Nur in der Verbindung von beidem haben wir Vitalität *und* Stärke.

Wir Frauen glauben aber auch, funktionieren zu müssen, weil die Erwartungen – oder auch die Verantwortungslosigkeit – anderer uns dahin drängen. Unsere Art zu funktionieren und unser Verantwortungsgefühl können für den Partner, die Kinder, die Eltern, die Firma oder die Kollegen auch sehr bequem sein. Je mehr wir allerdings bereit sind, auch noch die Aufgaben für andere zu übernehmen, desto mehr werden wir Menschen in unserer Umgebung haben, die weniger Einsatz und Verantwortungsgefühl als wir zeigen.

Wenn wir uns über diese Situation ärgern, dann ist es Zeit, uns von diesem Muster – und damit von unserer eigenen Haltung – zu verabschieden. Denn anstatt unsere Energie in ständigem Ärger über andere zu vergeuden, können wir unsere Kräfte dafür verwenden, unseren Standpunkt neu zu bestimmen. Wir stoßen andere damit nicht vor den Kopf. Im Gegenteil: Wir fördern sie in ihrer Entwicklung, denn wir muten ihnen zu, sich ihrer eigenen Verantwortung zu stellen.

Rollen aufgeben

Eine Frau erzählte mir, dass sie sich zu Hause oft müde und energielos fühle. Sei sie aber im Kreis von Freundinnen, werde sie sehr aktiv und lebensfroh. Auch auf einer Reise beispielsweise erlebe sie sich ausgesprochen unternehmungslustig. Dort gelinge es ihr leichter, aus ihren eingefahrenen Lebensmustern auszubrechen.

Diese Frau ist einem Bild von sich als Partnerin und Mutter gefolgt, das für sie eine gewisse Zeit auch so gestimmt hat. Aber im Lauf ihrer Entwicklung ist dieses Bild für sie zu eng geworden. Der Versuch, sich selbst weiter gleichsam »in diesen Rahmen zu pressen«, hat ihr die Vitalität genommen, die eigentlich in ihr steckt.

Diese Erfahrung kennen viele Frauen. In der Gemeinschaft mit anderen Frauen blühen sie auf. Sie fühlen sich inspiriert und entdecken wieder, wie viel sprudelnde Lebendigkeit in ihnen steckt. Dort können sie die Seiten leben, die in ihrem Alltag oft zu kurz kommen. Ja, dort wird selbst Schweres durch Heiterkeit auf einmal auch leicht, weil sie es jetzt aus einer gesunden Distanz heraus betrachten können. Nach solchen Begegnungen fühlen sie sich ganz erfüllt, sie sind vital und lebensfroh.

Vitalität gewinnen wir, wenn wir uns trauen, einmal ganz andere Seiten von uns zu leben. Wenn wir immer wieder nach dem Ausdruck suchen, der unsere Energie und Lebensfreude stärkt, bekommen wir auch die passenden Ideen dazu. Vital zu sein bedeutet, dem Lebendigen zugewandt zu sein. Nur so können wir auch unsere grau und freudlos gewordenen Alltagsmuster aufdecken, um sie mit neuer, lebendig-roter Farbe zu beleben.

In meinen Seminaren bringen Frauen immer wieder zur Sprache, dass sie ihre Energie verlieren, wenn sie den Einfluss ihrer Mutter in sich zu sehr zulassen. Töchter meinen oft, die Erwartungen der Mutter erfüllen zu müssen. Sie haben vielleicht öfter erfahren, dass ihre Mutter auf ein Nein mit Enttäuschung, spitzen Bemerkungen oder Liebesentzug reagiert hat. Solche Reaktionen – und die gleichsam verinnerlichte Angst vor ihnen – machen es ihnen oft schwer, in ihrer eigenen Energie zu bleiben.

Hier fühlen Frauen oft, dass sie nicht nach ihrer inneren Wahrheit leben. Sie wollen Nähe, aber auch Eigenständigkeit. Weil sie aber oft keine Entscheidung für sich treffen, wie beides für sie gut zusammengehen kann, geben sie der Mutter die Schuld dafür, dass sie wegen ihr nicht so frei sein könnten, wie sie es wollen.

Es geht dabei nicht um Schuld oder Vorwürfe, sondern um das Erkennen, dass die Frauen selbst in diesem Muster Energie verlieren. Sie tragen selbst die Verantwortung für sich. Nur wenn sie dies erkennen und annehmen, können sie in der Beziehung zur Mutter ein eigenständiger Mensch werden und sein.

Rot bringt Dynamik. Es treibt uns zu Bewegung und Veränderung an. Es gibt den Impuls, der uns aus jenen gewohnten Mustern ausbrechen lässt, in denen wir oft lange und zu lange energielos verharren.
Bevor wir einen Aufbruch wagen, braucht es aber immer wieder auch den Blick in die eigene Tiefe. Dort können wir unsere innerste Wahrheit finden, jene Wahrheit, die Weibliches *und* Männliches lebt. Wenn wir dann mit ihr verbunden sind, wissen wir, welche Schritte wir zu gehen haben, um sagen zu können: »*Ab morgen trage ich Rot!*«

Blutrot –
Liebe, Schmerz und Leidenschaft

Rot war schon immer die Farbe der Liebe. Wer an Liebe denkt, denkt auch an Leidenschaft und Tiefe, an Lebenselixier und Liebesglück, aber auch an Liebesschmerz. Denn Schmerz gehört zur Liebe.

Die blutrote Leidenschaft

Blutrot steht auch für eine leidenschaftliche Frau, die sich voll und ganz auf das Leben einlässt, besonders auf die Liebe. Eine leidenschaftliche Frau kostet das Leben aus, sie will es hautnah spüren. Sie reagiert mit all ihren Gefühlen auf das, was das Leben ihr bringt. Sie erlebt intensiv ihre glücklichen Momente und ihren Schmerz.

Blutrot steht für eine selbstbewusste Frau, die sich nicht vor dem Risiko scheut und die dabei auch Verletzungen in Kauf nimmt. Sie weiß, dass sie die Kraft hat, mit ihnen umzugehen. Wenn sie sich verletzt fühlt, hat sie zuvor auch Mut gezeigt und etwas gewagt. Sie hat sich auf das Leben und die Liebe ganz eingelassen und dies in aller Intensität erfahren. Eine *blutrote* Frau ist sich ihrer Stärke bewusst und kann stolz darauf sein, ihr Glück und ihren Schmerz so tief fühlen zu können. Auch wenn ihr Herz dabei blutet, fließt in ihr das Leben.

In jeder Frau steckt diese blutrote Leidenschaft. Bei manchen Frauen ist sie direkt und unmittelbar zu spüren, bei anderen liegt sie mehr im Verborgenen. Manche Frauen meinen, sie seien von ihrem Temperament her kein leidenschaftlicher Mensch. Aber wenn ich sie frage, was sie wirklich gerne tun, dann ist auch bei ihnen die Leidenschaft auf einmal da. Dann entdeckt eine Frau ihre Leidenschaft in der Musik, die andere im Kochen, im Wandern oder im Reisen ...

Leidenschaft ist überall dort da, wo unser Herz an etwas hängt. Und das, was wir mit Leidenschaft tun, tun wir auch besonders gut.

Sind wir leidenschaftlich, dann sind wir offen und fühlen das Leben mit all unseren Sinnen. In diesen Momenten lieben wir unser Leben, so wie es ist.

Doch genauso intensiv, wie wir diese Liebe fühlen, können wir auch Schmerz oder Hass empfinden und uns davon so ergreifen lassen, dass wir nichts anderes mehr sehen. Dann kann unsere Leidenschaft eine zerstörerische Wirkung bekommen.

Doch wenn wir dunkle Zeiten durchleben oder wir wieder einmal entdecken, dass wir uns gar nicht so lebendig fühlen, dann können wir mit blutroter Leidenschaft zunächst nichts oder nur sehr wenig anfangen.

Aber gerade in unseren schweren Zeiten entwickelt sich die Leidenschaft immer wieder neu. Sie gleicht einem Samenkorn, das nicht nur Wärme und Licht braucht, sondern auch in die Erde gesetzt werden muss und dort das Dunkle und Enge erfährt. Erst aus dieser Enge heraus entwickelt sich der Trieb, zu wachsen und ans Licht zu kommen.

So kann unsere »leiden-schaftliche« Liebe zum Leben gerade in unseren »Leidens-Zeiten« neu entstehen. Wir können uns zwar mit dem Leiden zufriedengeben und sagen: »Es ist halt so« – dann wird unser Trieb zum Lebendigen jedoch in uns verkümmern und nichts Neues wachsen.

Die leidenschaftliche Seite in uns will aber das Leben. Sie will nach dunklen Zeiten wieder Licht und Weite spüren, sie will wieder Liebe und Lebendigkeit erfahren. In der Suche nach dieser neuen Lebendigkeit sind wir leidenschaftlich. Denn wir suchen mit unserer ganzen Kraft nach dem, was unserem Leben wieder eine blutrote Farbe gibt.

Wir verspüren alle die Sehnsucht, mit Leidenschaft zu lieben. Wir wollen unser ganzes Herz geben – und doch geben wir manchmal nur das halbe: Vielleicht sind wir durch das Verhalten anderer verletzt und gehen auf innere Distanz. Möglicherweise lieben wir uns auch selbst nicht und nehmen deshalb die liebenden Zeichen anderer nicht an.

Es ist dann nicht Leidenschaft, die uns bewegt, sondern Angst. Und die größte Angst, die wir haben, ist die, von anderen nicht genug geliebt zu werden oder für einen anderen Menschen nicht genug wert zu sein. Diese Angst bringen wir meist aus unserer Kindheit mit und übertragen sie in unsere heutigen Beziehungen. Daraus können Enttäuschungen und Verletzungen entstehen.

Um von dieser Angst frei zu werden, haben wir die Liebe. Wenn wir leidenschaftlich lieben wollen, dann müssen wir uns auch immer wieder neu für die Liebe entscheiden. Wir können uns in jeder Situation für sie entscheiden und uns fragen: Was würde die Liebe hier tun? Wie könnte ich mich in dieser Situation selbst mehr lieben? In dem Augenblick, in dem wir uns für die Liebe öffnen, beginnt sie auch als Kraft in uns zu wirken. Wir wissen dann, welchen Schritt wir als nächsten tun müssen, um mehr Liebe in unsere Situation zu bringen.

Jedes Mal, wenn wir uns für die Liebe entscheiden, lösen wir uns ein Stück von unserer Angst. Wir lassen einfach nicht mehr zu, dass sie uns beherrscht, sondern wir trauen uns mit der Liebe zu, sie bewusst in den Hintergrund zu stellen.

In alltäglichen Situationen spüren wir allerdings, welche Herausforderung die Liebe ist. Denn unsere Ängste sind noch nicht weg. Aber wir können mit dem Blick auf die Liebe einen Weg finden, wie wir durch sie hindurchgehen können. In der Angst fühlt sich unser Leben immer eng an. Aber die Liebe kann es weit machen. Die Sehnsucht, das Leben in all seinen Facetten wieder lieben zu können, gibt uns auch mitten in der Angst den Mut, Schritt für Schritt aus der eigenen Enge herauszufinden.

Von der neuen Weite der Liebe fühlte sich beispielsweise eine Frau angesprochen, die durch die Alkoholsucht ihres Mannes zunehmend depressiver geworden war. Sie hatte lange Zeit versucht, ihn so zu nehmen, wie er war, aber es gelang ihr immer weniger. Stattdessen hatte sie nun starke Aggressionen ihm gegenüber, weil sie meinte, dass die Sucht ihres Mannes ihr eigenes Leben immer enger machen würde. Zugleich konnte sie ihre steigenden Gefühle von Wut, Hass und Ohnmacht ihm gegenüber nicht offen ausdrücken und deshalb keine Weite erreichen.

Als ich sie fragte, ob es denn auch in ihr so etwas wie eine Sucht gebe, sagte sie nach kurzem Überlegen: »Ich habe die Sucht, alles runterzuschlucken.« In diesem Moment erkannte sie, dass sie und ihr Mann im Grunde in der gleichen Angst gefangen waren: in der Angst, offen über die eigenen Gefühle zu sprechen. Sie meinte, wenn sie nun in Zukunft ihren Gefühlen mehr Wert geben und sie offener ausdrücken würde, dann käme schon allein dadurch mehr Weite in ihre Beziehung hinein.

Wir berufen uns oft gerne darauf, dass wir als Kind nicht gelernt hätten, Gefühle zu äußern. Das konnten uns unsere Eltern häufig auch nicht vermitteln, weil sie ihre eigenen als nicht wertvoll genug empfunden hatten. Wenn wir aber das ewig Gleiche fortsetzen, dann kann heute auch kaum mehr Liebe fließen als damals. Wir sind für unsere Gefühle allein verantwortlich, das müssen wir – immer wieder neu – lernen. Wenn wir sie auch ausdrücken, bekommen sie Farbe. Dann erleben wir alles intensiver und das macht unser Leben blutrot.

Sich selbst lieben

Wir brauchen *blutrote* Farbe, wenn es um unsere Selbstliebe geht. Denn uns selbst zu lieben, ist gar nicht so einfach – gerade dann nicht, wenn wir in unserer Erziehung aufgenommen haben, dass wir egoistisch seien, wenn wir an uns selbst denken. So haben wir immer mehr an andere gedacht als an uns selbst und tun dies vielleicht heute noch. Wir dürfen dabei jedoch nicht übersehen: In dieser Liebe der anderen übergehen wir uns selbst.

Oder wir haben uns als Kind öfter auf eine Art und Weise verhalten, die unsere Eltern nicht »liebens-wert« fanden. Dann haben wir möglicherweise alles versucht, um doch ihrer Liebe »wert« zu sein, und uns an ihre Wünsche und Vorstellungen angepasst. Vielleicht passen wir uns heute immer noch an: Wir erfüllen die Wünsche des Partners oder unserer Kinder oder wir richten uns nach den Vorstellungen der Gesellschaft, denn wir wollen ja »liebens-wert« sein. Doch uns selbst werden wir dabei nicht lieben.

Gewisse Enttäuschungen oder Lieblosigkeiten, die wir erfahren haben, müssen kein Grund dafür sein, dass wir uns nicht lieben könnten. Denn diese Erfahrungen können uns vielmehr helfen, selbst zur Liebe zu finden. Die Liebe ist nicht umsonst unsere stärkste Lebensenergie. Durch sie sind wir fähig, alle lieblosen Erfahrungen zu überwinden.

Es wäre für uns ein grausames Leben, wenn wir Verletzungen erfahren müssten und keine Möglichkeit hätten, sie zu heilen. Weil die Liebe als tiefe Sehnsucht in uns brennt, wissen wir im Innersten genau, wie Liebe sich »anfühlt«. Wir haben nun den Auftrag, sie in unserem Alltag erfahrbar zu machen.

Ein Schritt auf diesem Weg ist, uns selbst mehr zu lieben. Wenn wir mit uns in Kontakt sind und immer wieder spüren, was uns innerlich bewegt, sind wir uns selbst zugewandt. Wenn wir uns wichtig sind und für unsere Bedürfnisse sorgen, ist dies ein Ausdruck von Selbstliebe. Auch wenn wir uns nicht ständig Angst machen und überall das Schlimmste befürchten, sondern dem Leben vertrauen, gehen wir liebevoll mit uns um.

Wenn wir uns selbst lieben, können wir uns auch besser vor Verletzungen schützen. Wir werden dann nicht zulassen, dass andere unsere Grenzen überschreiten, und uns auch nicht so leicht in negativen Mustern anderer verfangen.

Andere Menschen werden mehr Liebe durch uns erfahren, je mehr es uns gelingt, uns selbst zu lieben. Wenn wir beispielsweise unsere Bequemlichkeit auch als positive Kraft sehen, dann werden wir dies genauso bei anderen tun können. Oder wenn wir merken, dass unsere schlampige Seite uns manchmal auch Freiräume schafft, können wir diese anderen auch eher zugestehen. Wenn wir durch Selbstliebe toleranter mit uns selbst umgehen, werden andere ebenfalls von dieser Toleranz gewinnen. Und wenn wir uns etwas Schönes gönnen, werden andere durch unsere heitere Stimmung von unserer Selbstliebe profitieren.

Um uns selbst zu lieben, müssen wir nicht ständig nur um uns selbst kreisen. Aber wir können mit einem liebenden Blick auf uns schauen. Dann können wir bestimmte Eigenschaften, die wir haben, als liebenswert ansehen – auch wenn andere das einmal anders gesehen haben.

Dies kann uns gelingen, wenn wir unsere Charakterzüge nicht einseitig sehen, sondern von allen Seiten betrachten. Wenn eine Frau früher beispielsweise gehört hat, sie sei faul, dann kann ein warmherziger Blick auf sie selbst etwas anderes sagen. Sie hat vielleicht einfach mehr Zeit für sich gebraucht oder sie hat sich eventuell einfach einem Druck widersetzt. Wenn wir diesen liebevollen Blick auf uns stärken, wird die Liebe mit jedem Tag wachsen und immer *blutroter* werden.

Im Umgang mit Menschen, die uns als schwierig erscheinen, erkennen wir, wie weit wir diese Selbstliebe schon entwickelt haben. Vielleicht regen wir uns immer wieder über deren Verhaltensweisen auf. Wir denken dann, dass wir uns niemals so benehmen würden, und grenzen uns innerlich ab.

Doch kann gerade dieser andere für uns ein Aufruf zur Selbstliebe sein: Denn im »unpassenden« Verhalten anderer sehen wir oft, was wir an uns noch nicht lieben. wäre dem nicht so, würde uns ihr Verhalten in keiner Weise berühren. Das heißt nicht, dass wir uns auf die gleiche Art und Weise benehmen würden, wohl aber, dass wir die Neigung dazu kennen. Wir würden uns dieses Verhalten vielleicht nie erlauben und auch nicht trauen. Vermutlich würde es auch nicht zu unserem Selbstbild passen. Aber zugleich hat es doch etwas mit unserer eigenen Wahrheit zu tun.

Was wir verdrängt haben, kommt uns oft durch andere Menschen wieder entgegen. Vielleicht zeigt uns unser eigenes Kind, was wir in uns nicht gerne sehen. Oder wir bekommen eine Kollegin, an der wir uns reiben, weil sie so »anders« ist. Hier lohnt es sich, genau hinzuschauen, ob sie etwas ausdrückt, was wir in und an uns nicht akzeptieren. Wir können uns ehrlich fragen, welche Gefühle sie in uns berührt: Was lehnen wir an ihr ab – und warum? Was hat ihr Verhalten mit uns zu tun? Was traut sie sich, was wir nicht wagen?

Eine ältere Frau erzählte mir, dass sie lange Zeit nicht verstanden habe, warum sie immer wieder Künstlern begegnet sei. Sie bewunderte jeweils deren Talent und hörte ihnen gerne zu, wenn sie von sich sprachen. Dies hielt an, bis sie eines Tages eine Enttäuschung erleben musste. In ihrer Wut meinte sie nun, dass sie jetzt keinen Künstler mehr um sich bräuchte, weil sie die Künstlerin in sich selbst gefunden habe. Sie begann zu malen, weil sie sich das jetzt zutraute. Nach einigen Jahren stellte sie ihre Bilder auch selbst aus. Diese Frau hat zur Annahme der Künstlerin in sich gefunden und das erlebte sie als *blutrot*.

Sich so annehmen zu können, wie man ist, fällt vielen Frauen schwer. Zu sehr fühlen sie sich von den Erfahrungen geprägt, die sie mitbringen. In ihrem Leben war Angenommensein in manchen Bereichen eben nicht spürbar. Und auch wenn sie daran gelitten haben, trauen sie sich heute oft nicht zu, aus diesem Defizit an Liebe auszubrechen und es für sich anders zu machen.

Wir haben in unserem Leben oft etwas anders gemacht, als es von unseren Eltern vorgegeben war. Wir mussten das auch tun, um erwachsen zu werden. Für jeden eigenen Schritt in unser Erwachsenwerden brauchten wir Selbstliebe. Ohne sie hätten wir bis heute kein eigenes Leben. Wir haben damals auch nicht am Gewohnten festgehalten, sondern uns gelöst und etwas Neues riskiert.

Uns heute selbst anzunehmen ist allerdings kein absolutes Risiko. Es ist die klare Entscheidung, die Liebe zu vermehren.

Wenn es uns jedoch zu schwer fällt, uns anzunehmen, werden wir darauf aus sein, dass es andere für uns tun. Dadurch bleiben wir von deren Annahme abhängig – und das macht uns anfällig für Anpassung und Unterwürfigkeit. Wir werden dann immer darauf schauen, was die anderen über uns denken. Solange wir uns in diesem Muster bewegen, werden wir über uns selbst sagen: Ich bin, wie ich sein sollte. Wenn wir uns dagegen so annehmen, wie wir im Moment sind, werden wir frei sagen können: Ich bin, wie ich bin. In solchen Momenten fließt *blutrotes* Leben in uns.

Für die unterschiedlichen Erfahrungen, die wir auf unserem Lebensweg machen, brauchen wir die Annahme – durch andere und durch uns selbst. Dieses Umfangensein von grundsätzlicher Annahme und Liebe macht uns erst lernfähig. Wenn wir im Nachhinein erkennen, dass wir durch unser Verhalten etwas nicht erreicht haben, dann haben wir etwas über uns gelernt. So ist das Leben. Als Jugendliche sind wir nie auf die Idee gekommen, uns dafür zu verurteilen, dass wir vorher ein Kind waren und wie ein Kind gehandelt haben. Wir haben die unterschiedlichen Reifestufen als natürlich angesehen. Warum sollten wir dies heute anders sehen?

Auch die Liebe hat Entwicklungsstufen. Aus dem Bewusstsein von damals haben wir so gehandelt. Zu dieser Zeit waren fähig, so zu lieben, wie es uns aufgrund unserer Reife möglich war. Heute können wir mehr lieben und deswegen ist es uns möglich, anders zu handeln. Anstatt uns Vorwürfe über die Vergangenheit zu machen, können wir die gewonnene Einsicht als tiefe Weisheit sehen. Jede Weisheit macht uns innerlich weiter und milder und wird gerade so als Liebe zu den Menschen hin wirken.

Wenn wir uns unzufrieden fühlen, lehnen wir dieses Gefühl meistens ab. Als liebenswert empfinden wir unsere Unzufriedenheit jedenfalls nicht. Oft kämpfen wir dann mit uns selbst und meinen, wir hätten doch gar keinen Grund, unzufrieden zu sein. So vieles wäre ja gut in unserem Leben und da dürfe Unzufriedenheit doch gar nicht sein. Doch nach zwei Tagen ist die Unzufriedenheit wieder da ...

Selbstannahme meint, dass wir auch dieses Gefühl nicht verdrängen, sondern uns ihm bewusst zuwenden. Wenn Unzufriedenheit auftaucht, ist sie in diesem Moment unsere Wahrheit: Etwas in uns ist nicht im Frieden. Das muss sich nicht auf unser ganzes Leben beziehen. Vielleicht gibt es nur einen Bereich, der für uns nicht mehr stimmig ist.

Wenn wir unzufrieden sind, ist das ein Hinweis, dass wir innerlich schon im Aufbruch sind: Etwas soll anders werden. Nur gestehen wir uns diesen Aufbruch noch nicht zu. Wir können uns dann fragen, was wir jetzt bräuchten, um uns »im Frieden« zu fühlen. Welche Schritte müssten wir machen, um diese blutleere Situation wieder *blutrot* werden zu lassen?

Wir Frauen zeigen besonders für andere liebende Fürsorge. Wenn wir uns aber aus lauter Sorgen für andere selbst kaum beachten, kommen wir in Gefahr, uns aufzuopfern. Doch sich für jemanden zu opfern hat mit Liebe wenig zu tun, denn wir selbst werden dabei blutleer. Liebe fühlt sich rot an, wenn wir anderen etwas geben, was wir innerlich auch selbst haben und geben wollen.

In der Versorgung alter Eltern etwa fühlen viele Frauen, dass ihre Liebe nicht ganz freiwillig ist. Sie haben oft das Gefühl, dass die Eltern Erwartungen an sie haben, die sie kaum erfüllen können. Dies macht Frauen eher aggressiv als warmherzig. Versuchen sie aber, eingefahrene Gewohnheiten zu durchbrechen und sich selbst Zeit zu gönnen, sind die Eltern gekränkt und vermitteln Schuldgefühle. Dadurch fühlen sich diese Frauen erst recht belastet und spüren, dass sie mit ihrer Liebe den Eltern gegenüber an eine Grenze kommen.

Selbstliebe würde hier bedeuten, dass eine Frau ihre Grenze wirklich achtet und sich eingesteht, dass sie im Augenblick nicht mehr Liebe geben kann. An dieser Grenze kann etwas Neues aufbrechen. Die Frau kann erkennen, dass es eine Veränderung geben muss, nicht nur für sie, sondern auch für die Eltern. Zum einen muss sie sich eingestehen, dass sie nicht grenzenlos geben kann, und ihre Eltern müssen verstehen lernen, dass sie nicht grenzenlos fordern dürfen.

Es ist für eine Frau oft schwer, den richtigen Weg für sich zu finden. Eltern verdienen Liebe, aber eine Frau darf auch für sich entscheiden, wie viel Liebe sie ihnen wirklich geben kann und wann ihre Grenze erreicht ist. Vielleicht gibt sie ihnen dann zeitlich weniger, aber vom Herzen her sicher mehr. Und dann wird sich dieses Geben auch *rot* anfühlen.

Viele Frauen empfinden für ihren Körper wenig Wertschätzung. Irgendetwas am eigenen Körper erscheint ihnen immer nicht passend. Sie meinen beispielsweise, wenn sie andere Formen hätten, dann könnten sie ihren Körper eher akzeptieren. Innerlich sind sie dabei vielleicht davon überzeugt, dass er der eigenen Fürsorge nicht besonders wert sei, und behandeln ihn möglicherweise auch so. Weil sie von der eigenen Schönheit nicht viel halten, empfinden sie sich auch nicht als schön.

Da kann zum Beispiel ein Mann einer Frau noch so liebevoll sagen, dass er sie schön findet – sie wird es nicht annehmen. In solchen Momenten denkt sie vielleicht, dass er sie sowieso nur durch eine »rosarote Brille« sehe und nicht, wie sie ihrer Meinung nach wirklich ist.

Frauen fällt es auch oft schwer, die altersgemäßen Veränderungen ihres Körpers anzunehmen. Dieses Nichtannehmen kann das eigene Selbstwertgefühl stark verunsichern und herabsetzen.

Wenn es uns schwerfällt, unseren Körper zu achten, können wir uns fragen: Welchen Gewinn haben wir davon, unseren Körper nicht als wertvoll anzusehen? Wem dient diese Minderwertigkeit? Tun wir damit irgendjemandem einen Gefallen? Uns selbst sicher nicht, denn wir fühlen uns dabei eher blass als rot.

Gerade das Älterwerden braucht unsere Annahme und eine besondere Achtsamkeit. Alles Erlebte darf an unserem Körper auch sichtbar werden. Unser Altern ist auch Zeichen unserer Reife, die einen bestimmten Sinn hat. Denn wenn unser Körper schwächer wird, kann unser Geist stärker und freier werden.

Wenn wir unseren Körper achten, fühlen wir uns wertvoller und glücklicher. Dieses Achten gilt auch für unsere weibliche Erotik. Sie war schon immer mit der Farbe *Rot* verbunden.

Vielfach lehnen Frauen aber ihre erotische Seite ab, weil diese entweder durch anerzogene Moralvorstellungen verdrängt ist oder weil sie sich innerlich gegen kommerzielle Vorbilder weiblicher Erotik wehren. Viele möchten sich diesen Bildern nicht unterwerfen, andere versuchen, sich anzupassen, und wieder andere fallen auf alle möglichen Versprechungen der Gesellschaft und der Medien herein.
Je weniger unser Selbstwertgefühl als Frau ausgeprägt ist, desto mehr machen wir uns von äußerlich aufgesetzten Bildern abhängig, die uns vermitteln wollen, wie eine Frau zu

sein hat. Hier wird Erotik mit sexueller Anziehungskraft gleichgesetzt.

Doch Erotik ist vor allem eine sinnlich-geistige Anziehung. Wir selbst können durch unsere Mimik oder unsere Gesten, durch unsere Körperhaltung, unsere Sprache oder unsere Kleidung eine sinnlich-erotische Ausstrahlung haben. Unsere weibliche Erotik kommt aus unserer Natürlichkeit. Sie kommt aus dem Bewusstsein, gerne Frau zu sein. Und das strahlen wir von innen her aus, wenn wir es sind.

Es gibt viele Frauen, die sehr verletzende Erfahrungen gemacht haben, die ihrem Körper zugefügt worden sind. Dann hat ihre Ablehnung ihrer Erotik tief greifende Gründe, die in der eigenen Geschichte liegen. Diese Geschichte muss geachtet werden.

Aber auf Dauer ist es eine innere Qual, den eigenen Körper nicht anzunehmen. Denn dies beeinträchtigt die Selbstliebe und verstärkt nur die eigene Wertlosigkeit. Hält diese Ablehnung an, kann eine betroffene Frau sich kaum mit den Menschen versöhnen, die sie nicht liebevoll behandelt haben.

Es kann oft lange dauern, bis eine Frau ihren Wert in sich selbst wiederfindet und sich entscheidet, ihren Körper zu schätzen. Dann ist ihre Liebe zu sich selbst stärker als ihre Verletzung.

So kann Selbstliebe uns dahin führen, dass wir Liebloses – die erfahrenen Verletzungen – auch wieder in Liebe verwandeln können. Wenn wir heute Ja zu uns sagen, wo andere einmal Nein zu uns gesagt haben, dann ist die Liebe blutrot.

Liebe in Beziehungen

Rote Rosen gelten seit jeher als Symbol der Liebe. Mit der Besonderheit der Rose haben Menschen seit langem auch das Besondere der Liebe verbunden. Es sind sicherlich ihre blutrote Farbe und ihr wohlriechender Duft, ihre immer wieder hervorbrechenden Knospen, aber auch ihre Dornen, die Menschen an die Liebe erinnern. Und Rosen sind sehr widerstandsfähig. Das muss auch die Liebe sein, um alle wechselnden Phasen zu überdauern. Denn das feurige Blutrot der Anfangsphase kann durch die verletzenden Dornen zu einem schmerzvollen Blutrot werden. Und wenn der Blick dann nicht mehr auf das dauerhafte Grün der Blätter gerichtet ist, kein verführerischer Duft mehr aufgenommen wird und keine Hoffnung auf neu hervorkommende Knospen da ist, kann die Rose nicht mehr zu neuer Schönheit und Harmonie finden. Dann ist sie vertrocknet und kann nichts Blühendes mehr hervorbringen.

Das leuchtende Rot der Liebe zu erhalten wird immer wieder auch ein Weg durch die Dornen sein, an denen wir uns verletzen. Doch davon wollen wir am Anfang der Liebe nichts wissen. Da blühen wir gerade erst auf und sehen nur die Schönheit der Blüte und ihren Duft. Erst allmählich nehmen wir wahr, dass zur Fülle der Rose noch mehr gehört. In der Liebe fühlen wir uns von einem Menschen angezogen, der uns in vielen Bereichen ähnlich und doch auch wieder ganz anders ist. Gerade in dieser Spannung spüren wir gefühlsmäßige und erotische Anziehung. Aus dieser Anziehung entwickelt sich immer mehr Zuneigung, und wenn wir unser Herz für diesen einen Menschen ganz öffnen, dann sind wir ideen- und phantasiereich, ihm unsere Liebe auf vielfältige Art und Weise zu zeigen.

In dieser Phase spüren wir, dass Liebe eine schöpferische Kraft ist. Denn Liebe erschafft wieder Liebe. Wenn wir einem Menschen ein liebendes Wort sagen, fühlt er sich durch die Liebe berührt. Es erzeugt in ihm den Wunsch, auch Liebe zu zeigen. So vermehrt sich die Liebe ständig. Wir brauchen dieses intensive Rot des Anfangs, diesen tiefen Wunsch, Liebe und Glück zu erfahren. Auf ihn können wir zurückgreifen, wenn das gemeinsame Leben in blassrote oder graue Phasen kommt. Denn auch Liebe hat wie die Natur ihre wechselnden Zeiten. Durch sie sind wir gefordert, ständig in der Liebe zu wachsen.

Doch unsere Wachstumszeiten sind auch Krisenzeiten, weil etwa einer der Partner sich verändert und der andere länger braucht, um sich neu darauf einzustellen.

In dieser Phase größerer Distanz entstehen Angst und Zweifel und auf einmal wird vieles in der Beziehung hinterfragt. Wünsche und Ängste werden oft nicht klar ausgesprochen und Missverständnisse schwelen zwischen den Partnern. In diesen Zeiten sehen Paare oft wenig, was sie miteinander verbindet, sondern sie sehen besonders kritisch das Unterschiedliche. Die Partner stellen aneinander hohe Erwartungen – und wenn sie nicht erfüllt werden, dann wird dies als Mangel an Liebe gedeutet. Beide Partner befinden sich dabei schnell in einer Spirale der Angst – den anderen zu enttäuschen oder vom anderen enttäuscht zu werden –, die immer weiter auseinanderführen kann. Beide haben dann oft vergessen, wie schöpferisch sie in der Liebe sein können. In der Liebe werden wir unsere Angst aufdecken, nicht genug geliebt zu sein. Es ist die Angst, die einmal an die Eltern gebunden war und die wir auf unsere Beziehungen übertragen. Wir haben Angst, die Liebe der anderen oder den eigenen Wert zu verlieren und uns dadurch getrennt und allein zu fühlen.

Doch Angst ist der Feind der Liebe. Wenn wir Angst haben, dann sind wir unsicher, trauen uns nichts zu, zweifeln an unserem Wert und misstrauen dem anderen. Wir fühlen uns in der Angst nicht wirklich geliebt – und geben anderen häufig dafür die Schuld.

Unsere Angst müssen wir ernst nehmen, denn sie sagt etwas Wichtiges über uns. Angst spüren wir besonders in Zeiten, in denen wir uns nicht so lieben und annehmen, wie wir sind. Häufig haben wir dann besonders hohe Erwartungen an andere, sind dadurch aber auch besonders anfällig für Enttäuschungen.

In der Liebe brauchen wir eine Vision. Wir brauchen etwas Größeres, worauf wir uns richten können, wenn wir uns in Kleinigkeiten verfangen. In der Angst sind wir innerlich klein und eng. Aber mit dem Blick auf unsere Vision von Liebe erheben wir uns aus dieser Enge. Durch Liebe bekommen wir eine andere Wahrnehmung. Wir wenden uns zu uns selbst um und warten nicht darauf, ob wir von anderen im Moment genug geliebt sind. Wir fragen vielmehr uns selbst: Liebe ich denn genug? Gebe ich dem anderen das, was ich von ihm erwarte? Und: Liebe ich mich selbst genug – mit all dem, was gerade in mir lebendig ist? Wie kann ich in dieser Situation mehr lieben?

Durch unsere Vision von Liebe lösen wir uns aus der passiv leidenden Haltung und suchen aktiv nach der Liebe.

Das ist dann auch die Leidenschaft in uns, die sich nicht mit dem Leiden an einer Situation zufriedengibt, sondern die immer wieder nach der Liebe sucht, die etwas verändern kann. Unsere Vision fordert uns heraus, der Liebe bewusst entgegenzugehen. Durch sie werden wir sagen können: »*Ab morgen trage ich Rot!*«

Wenn wir die Liebe wach halten wollen, müssen wir sie den eigenen Veränderungen immer wieder anpassen. Wenn beispielsweise in Paarbeziehungen das Hochgefühl der Liebe vorbei ist, dann muss die Liebe in die Tiefe gehen, um ihre blutrote Farbe zu behalten. In der Tiefe entdecken wir dann das, was nicht im Tageslicht glänzt. Da kommen Empfindsamkeiten ans Licht, Wunden aus der Kindheit, Eigenheiten und Unzulänglichkeiten ...

Das sind die Phasen der Ernüchterung, in denen wir unsere Illusionen verlieren. Aber gerade wenn unsere Illusionen zurückgehen und wir »desillusioniert« werden, kann die Liebe stärker hervorkommen. Denn den »Glanz« eines Menschen zu lieben ist einfach, aber auch den »Schatten« zu lieben ist kraftvoll.

Viele Schattenseiten aus der je eigenen Geschichte können im Verlauf einer Beziehung auftauchen. Da verhält sich eine Frau beispielsweise in bestimmten Situationen eher noch wie die Tochter ihrer Eltern. Sie fühlt sich durch die kleinste Lappalie angegriffen, zieht sich beleidigt zurück oder rächt sich bei ihrem Partner mit Liebesentzug. Oder der Mann lässt wie ein Kind überall seine Sachen herumliegen, ärgert sich dann aber über das Schimpfen seiner Frau, weil sie ihm wie die eigene Mutter erscheint.

In solchen Situationen trägt die Frau aus ihrer Geschichte vielleicht noch die »ewig Schuldige« und der Mann den »naiv Unschuldigen« in sich. Weil beide nicht wie Erwachsene agieren, treffen sie sich nicht als Partner. Sie geraten in ein Ungleichgewicht – und daraus entsteht meistens ein Machtkampf.

Aber wo Macht zu spüren ist, dort ist die Liebe nicht. Denn Liebe will das Gleichgewicht und kein Oben und Unten.

Um unserem Partner oder anderen Menschen in gleicher Augenhöhe zu begegnen, müssen wir reifere Verhaltensweisen entwickeln als in der zurückliegenden Beziehung zu unseren Eltern. Nicht umsonst wird bei Eheschließungen häufig ein Schriftwort aus der Bibel gebraucht: »Ihr werdet Vater und Mutter verlassen und ein Fleisch werden.« (Vgl. Gen 2,24) Damit ist gemeint, dass wir Vater und Mutter vor allem geistig verlassen müssen, indem wir die Ängste, Schuldgefühle und Komplexe loslassen, die auch mit ihnen verbunden sind. Erst mit diesem Loslassen können wir frei werden, um mit dem Partner oder anderen gemeinsam etwas Neues und Kraftvolleres zu entwickeln.

Wir müssen in all unseren Beziehungen dafür aufmerksam sein, wo wir mögliche Komplexe in uns tragen. Sie werden der Liebe immer im Weg stehen. Denn ein Komplex kann uns wie ein »Dämon« besetzt halten. Wir sehen dann alles aus der Angst, vielleicht doch nicht so geliebt zu sein, wie wir uns das wünschen. Dann kommt in einem Konflikt vielleicht immer noch die Zurückgewiesene oder die Unverstandene in uns zum Vorschein. Oder wir antworten als die Frau, die sich nie wahrgenommen fühlt oder immer die Schuldige ist.

Wenn andere dann auch noch auf ähnliche Weise reagieren, dann stecken wir im Problem fest. Denn dann kommen wir in unseren Beziehungen nicht auf den Punkt, sondern jeder wird um seine Gefühle kreisen. Es wird dann meistens viel geredet – aber eine Lösung kommt nicht in Sicht.

Wenn es uns gelingt, mitten in einer solchen Situation zu fragen, was die Liebe hier tun würde, werden wir eine Lösung finden. Denn die Liebe bringt uns wieder in die Gegenwart. Dann werden wir nicht weiter daran festhalten, was ein anderer vielleicht gesagt oder nicht gesagt hat. Wir sehen die Situation wieder, wie sie ist, und können uns auf die Frage konzentrieren, was uns gemeinsam nach vorne bringt. Dann können wir nicht nur dieses Problem bewältigen, sondern haben auch Ideen, was wir in Zukunft neu gestalten wollen.

Verletzte Liebe

Wir sind verwundbar und Liebe kann unsere Verletzlichkeit deutlich aufzeigen. Wir können in der Liebe Schmerzen erfahren, die unser Herz bluten lassen. Wunden, die uns in der Liebe zugefügt werden, können lange an uns zehren. Sie können uns sogar dazu bringen, dass wir unser Herz verschließen, um nicht wieder solche Schmerzen zu erfahren. Dann lassen wir womöglich immer weniger Nähe zu, denn jede Nähe kann erneut zu Schmerzen führen.

Viele Verletzungen haben tiefe Wunden hinterlassen und zur Trennung geführt. Manchmal sieht es so aus, als würden sie nie heilen. Doch jede Verletzung braucht Heilung. Und wir haben alle Kräfte in uns, damit sie heilen können.

Manche inneren Wunden sind uns nicht bewusst. Aber unsere Beziehungen decken sie uns unweigerlich auf. Wir meinen dann, der Partner oder ein anderer Menschen habe uns tief verletzt. Doch sie haben vor allem den Schmerz in uns berührt, den wir schon vor ihnen in uns hatten. So wurde etwa in unserer Kindheit unsere Sehnsucht nach Liebe und Akzeptanz nicht in der Weise erfüllt, wie wir uns dies gewünscht hätten. Dies haben wir als Schmerz empfunden. Die Sehnsucht, diesen Schmerz zu überwinden, bringen wir unbewusst in unsere Beziehungen mit und hoffen dort auf Heilung.

Doch Beziehungen sind auch gerade dazu da, dass sie unsere alten Wunden offen legen, um sie heilen zu können. Wenn wir uns dafür öffnen, können Beziehungen einen Heilungsweg für unsere Verletzungen auftun.

Dabei ist wichtig, dass wir die Verantwortung für unseren Schmerz nicht anderen überlassen, wir selbst sind an ihm beteiligt. Für alles, was in unseren Beziehungen geschieht, sind wir mit verantwortlich. Denn Beziehungen werden nicht nur von einer Person gestaltet.

Wir überwinden eine Verletzung nicht auf einmal, sondern brauchen dafür mehrere Schritte. Zunächst einmal müssen wir den Blick von dem Menschen wegnehmen, der uns gekränkt hat, oder von der verletzenden Situation. Wir müssen bei uns bleiben und uns um die eigene Kränkung kümmern. Das bedeutet, dass wir den erfahrenen Schmerz nicht verleugnen, sondern uns von ihm berühren lassen.

Wir können eine große Enttäuschung manchmal so tief empfinden, dass unser Herz gleichsam blutet.

Wenn wir reif dafür sind, mit unseren alten Verletzungen umzugehen, werden sie hochkommen. Uns mag zwar dabei das Herz bluten, aber zugleich fließt das Leben auch wieder in uns. Denn wie lange haben wir gebraucht, um uns diesem Schmerz noch einmal zu stellen? Wir waren vielleicht der Meinung, wir hätten ihn vergessen – doch wir hatten ihn nur verdrängt.

Bisher waren wir in unserer Entwicklung einfach noch nicht so weit, diesen Schmerz noch einmal zu fühlen. Aber wenn wir ihn in unseren Beziehungen aufbrechen lassen und durchleben, können wir trotz allem Schmerz auch stolz über die Stärke und die Reife sein, die wir jetzt haben: Jetzt halten wir ihn aus, jetzt haben wir den Mut, mit ihm umzugehen und ihn zu verwandeln.

Dies ist der Punkt, an dem wir unsere Verletzung in Stärke verwandeln können. Denn nach dem Schmerz kommt immer die Kraft. Wir sehen die Verletzung jetzt mit anderen Augen und können auf positive Weise mit ihr umgehen.

Wir haben uns nun auf das Leben mit all seiner Intensität eingelassen. Selbst das Risiko, verletzt zu werden, haben wir nicht gescheut – weil wir im Innersten wissen, dass wir mit diesem Schmerz fertig werden können. Wir haben eine verschlossene Tür in unserem Inneren aufgemacht und dadurch wieder frischen Wind in unser Leben gebracht. Aus dem Blutrot unserer Wunde haben wir *blutrote* Kraft entwickelt.

Zu unserer neuen Stärke gehört, dass wir unseren eigenen Anteil an der Situation sehen können und dafür Verantwortung übernehmen. Dann sehen wir letztlich auch kein Opfer und keinen Schuldigen mehr, sondern wir sehen zwei Menschen, die beide Heilung ihrer alten Wunden brauchen. Denn wenn uns jemand verletzt hat, hat er seine eigene Verletzung weitergegeben. Und wir haben diese Verletzung angenommen, weil auch in uns etwas noch nicht geheilt war.

Selbsterkenntnis ist auch ein Weg zur Heilung. Denn im Angehen der Verletzung kann uns auf einmal klar werden, ob wir den anderen zu lange haben gewähren lassen, ohne ihm eine Grenze zu setzen, oder ob wir Anzeichen einer Veränderung nicht wahrgenommen, sondern verdrängt haben. Vielleicht haben wir Erwartungen an einen Menschen gehabt, die er gar nicht erfüllen konnte. Möglicherweise haben wir auch liebloses Verhalten anderer zugelassen, weil wir uns nicht wert genug waren, uns selbst liebevoll zu behandeln und behandeln zu lassen.

Es ist nicht immer leicht, sich der eigenen Wahrheit zu stellen. Aber sie befreit uns von falschen Selbstbildern, die wir haben. Wenn wir aufrichtig zu uns selbst sind, dann richten wir uns auch innerlich auf. Dann stehen wir dazu, dass wir selbst immer auch ein Teil des Problems in einer Beziehung sind.

Jeder Schmerz, den wir in einer Beziehung erfahren, ist ein Anstoß in unserer Entwicklung. Auf einmal wird uns dadurch deutlich, welche Stärken wir vorher noch nicht in die Beziehung eingebracht haben. Aber jetzt ist plötzlich der Zugang zu diesen Stärken da. Jetzt können wir bewusst mit ihnen umgehen. Was vorher in uns unbewusst oder blockiert war, ist nun freigelegt und steht uns wieder als *blutrote* Kraft zur Verfügung.

Im Umgang mit unseren Verletzungen müssen wir uns immer wieder bewusst machen, dass diese nur der kleinere Teil in uns sind. Der weitaus größere Teil in uns ist gesund. Und auf unsere gesunden Kräfte müssen wir uns immer wieder besinnen. Mit ihnen haben wir schon so vieles geheilt, was einmal schmerzhaft war.

Wir haben grundsätzlich mehr Liebe als Verletzungen oder Angst in uns. Mit dem Blick auf die Liebe können wir uns trotz der Verletzung auch sagen: Die Liebe ist stärker und: »*Ab morgen trage ich Rot!*«

Ist es Liebe oder Angst?

Liebe und Angst liegen sehr nahe zusammen. In der Mitte von beiden liegt immer Vertrauen. Je größer das Vertrauen ist, desto geringer ist die Angst. In einer jungen Liebe kann es noch viel Angst geben, wenn beide Partner sich ihrer noch nicht ganz sicher sind. Dann muss das Vertrauen zwischen ihnen wachsen, damit sie die Angst verlieren. Echte, tiefe Liebe zwischen zwei Menschen hat wenig Angst, weil sich beide zutrauen, ihre Probleme mit dem Blick auf die Liebe zu lösen.

Eine junge Frau, die eine schwierige Zeit mit ihrem Mann hatte, vertraute nicht mehr auf die Kraft ihrer Liebe. Eines Morgens sagte sie ihm, dass sie so nicht weitermachen wolle und er ausziehen solle. Ihr Mann stand auf und sagte ganz entschieden: »Das kommt gar nicht in Frage! Wenn wir jetzt ein Problem haben, dann müssen wir eben alle Kräfte einsetzen, um dieses Problem gemeinsam zu lösen. Wir haben zwei kleine Kinder und die haben es verdient, dass wir uns um eine Lösung bemühen!« Die Frau war überrascht, denn ihr Mann hatte sich von ihrer Angst nicht anstecken lassen: Er traute ihrer Beziehung etwas zu. Er suchte das Verbindende und ließ sich nicht vom Trennenden beherrschen. Hier hat der Mann seine Frau zu dieser Entschlossenheit geführt, gemeinsam sagen zu können: *»Ab morgen tragen wir Rot!«*

Wir schaffen Vertrauen, wenn wir offen zueinander sind. Wenn wir aber wenig mitteilen, erfahren wir vermutlich auch wenig Vertrauen. Die Angst, uns mitzuteilen, kann verschiedene Ursachen haben: Wir haben vielleicht schon erlebt, dass der Partner oder andere Menschen wenig verständnisvoll auf unsere Offenheit reagiert haben. Oder wir haben Angst, vor dem Partner oder Freunden eine Schwäche zuzugeben, die wir selbst gerne vor uns verbergen möchten. Vielleicht fühlen wir uns aber auch schuldig und befürchten, dass der Partner oder Freunde uns Vorwürfe machen könnten.

Die Frage, die wir uns immer wieder stellen müssen, ist, ob die Wahrheit in unseren Beziehungen Raum hat. Schaffen wir eher eine Atmosphäre der Offenheit, in der Vertrauen wachsen kann? Oder geben wir anderen das Gefühl, dass sie uns nur sagen können, was wir gerne hören wollen?

Wünsche und Ängste werden in Beziehungen häufig nicht offen ausgesprochen. Oft traut sich einer dem anderen nicht zu sagen, dass er in der Beziehung etwas anders will als bisher. Er ist unsicher, ob der andere diese Veränderung mitgehen würde, und spricht seinen Wunsch deshalb nicht an. Nach außen hin bleibt zwar dann alles beim Alten, aber innen gärt es weiter. Oder: Weil die Lösung nicht in der Beziehung möglich ist, wird sie außerhalb gesucht. Dann bleibt oft nur die Trennung, die verletzt.

Eine Frau, die entdeckt hatte, dass ihr Mann eine Geliebte hat, versuchte, in vielen Gesprächen mit ihrem Mann herauszufinden, was dazu geführt habe und was sie jetzt tun könnten, um neu anzufangen. Sie meinte auch zu spüren, dass ihr Mann sich um eine Lösung bemühte. Doch dann musste sie herausfinden, dass er auf einer Geschäftsreise wieder mit der anderen Frau zusammen war. Als sie ihn daraufhin ansprach, meinte er, dass er sich nicht von heute auf morgen von dieser Frau trennen könne, sondern mehr Zeit brauche. Er vermittelte ihr so nicht das Vertrauen darauf, dass er wirklich einen Neuanfang setzen wolle.

Diese Frau erkannte, dass sie beide schon lange keinen Raum mehr für vertrauensvolle Gespräche gehabt hatten. Jeder von ihnen war so in seinen eigenen Aufgaben gefangen, dass sie als Paar kaum noch gemeinsame Zeiten hatten, in denen sie miteinander sprechen und sich über ihre Gefühle austauschen konnten. Die Frau erkannte, dass sie beide nicht gewohnt waren, über sich zu reden, und beide sich deswegen diese Zeit auch nicht genommen hatten.

In der Liebe sollten wir immer wieder eine Brücke finden, über die wir zum anderen gelangen können. Aber wir brauchen zugleich das Gefühl, dass der andere auch diese Brücke aufsuchen will, um die Verbindung mit uns zu suchen und aufrechtzuerhalten.

Manchmal braucht einer in der Beziehung für diese Schritte mehr Zeit als der andere, aber irgendwann muss auch er sie machen. Denn die Liebe will sich verbinden.

Wenn wir alles geben, aber der andere keinen Schritt auf uns zu tut, dann fehlt die Liebe. Im Innersten werden wir dann wissen, wann wir das Warten aufgeben und uns auf unsere eigene Veränderung konzentrieren müssen. Dann kann Liebe auch Loslassen bedeuten. Denn wir können niemanden dazu zwingen, uns zu lieben.

Das ist der schmerzhafteste Prozess der Liebe: einen Menschen loszulassen, der seinen Weg anders gehen will, als wir uns das gewünscht hätten. Aber dieser Entscheidungsprozess kann für uns zu einem Reifungsweg werden, der uns zwar vieles abverlangt, der uns aber auch in die eigene Tiefe führt und auf neue Weise Liebe aus uns hervorbringt. Denn wir können alles verlieren – aber die Fähigkeit zu lieben verlieren wir nie. Die Liebe bleibt, wir können weiter lieben: die Kinder, andere Menschen, uns selbst, die Natur ...

Eine Frau, deren Mann gestorben war, erzählte mir von einem Gespräch, dass sie in der ersten Phase ihrer Trauer mit einem Seelsorger hatte. Dieser sagte ihr, dass sie nun all die Liebe, die sie ihrem Mann gegeben hätte, jetzt für sich nehmen dürfe. Sie solle sich liebevoll um das kümmern, was sie bisher nicht habe leben können und was ihr nun Kraft und Lebendigkeit schenke. Sie fühlte sich durch diese Ermutigung tief berührt und getröstet.

Liebe ist die einzige Sicherheit, die wir immer haben werden. Auch wenn das Leben außen blass geworden ist, kann die Liebe in uns ihre blutrote Farbe behalten.

Vergeben können

Zur Liebe gehört, dass wir vergeben können. Ohne Vergebung finden wir auch nicht zur eigenen Heilung. Ohne Vergebung bleiben die verbitterten Gefühle weiter in uns oder wir werden die inneren Anklagen fortführen.

In der Vergebung müssen wir bereit sein, unsere Verletzungen loszulassen, auch wenn das nicht immer so einfach ist. Denn Verletzungen können uns auch Macht geben. Wir können Mitleid und Aufmerksamkeit bekommen oder vielleicht Schonung erwarten, weil wir es »einmal schwer hatten«. Manchmal können wir sogar der Meinung sein, wir hätten ein Recht darauf, lange verletzt zu sein, weil uns so Schlimmes passiert sei.

Doch irgendwann wird jede Verletzung zur Einschränkung. Denn innerlich bewegt sie uns. Wir müssen immer wieder an sie denken, ärgern uns oder leiden auf andere Weise. Wenn wir müde geworden sind, weil dies Kraft kostet, wollen wir uns von der Verletzung befreien. Im Innersten sehnen wir uns dann nach Frieden.

Wir verweilen oft zu lange an dem, was längst begraben gehört. Wir versuchen immer wieder, die Vergangenheit zurückzuholen. Unsere Heilung geschieht aber nicht so, sondern durch Umwendung: Wir müssen uns dem zuwenden, was uns wirklich ins Leben bringt – und das ist der Blick auf die Liebe. Dann sehen wir nicht immer nur auf unsere Verletzungen, sondern darauf, wie wir die Liebe in unserem Leben vermehren können.

Vergebung müssen wir von uns aus wollen. Wir müssen uns aus Liebe und weil wir unseren inneren Frieden wollen für sie entscheiden. Diese Entscheidung werden wir auch immer wieder neu treffen müssen, denn Vergebung ist ein Reifeprozess. Aber wenn wir uns nach Frieden sehnen, dann sollten wir uns auch zutrauen, dass wir einen anderen Menschen jetzt ohne Verurteilung lieben können.

Kindern gegenüber gelingt es uns ganz leicht zu vergeben, weil wir ihnen zugestehen, dass sie vieles unbewusst machen. Wir billigen zwar nicht jede ihrer Verhaltensweisen, aber sie fallen doch nie aus unserer Liebe heraus. Wir selbst haben als Kind sicher oft genug erfahren, wie befreit wir uns gefühlt haben, wenn Eltern oder andere Menschen uns verziehen haben. In solchen Momenten haben wir uns angenommen und geliebt erfahren – egal, was wir vorher getan hatten. Dies war in vielen kleinen Situationen die Erfahrung bedingungsloser Liebe.

Es fällt uns leichter zu verzeihen, wenn wir uns nicht nur an der Schuld anderer Menschen festklammern. Natürlich wissen Eltern, die ihr Kind schlagen, sehr genau, dass sie ihr Kind damit verletzen. Und ein Partner, der fremdgeht, ist sich auch bewusst, dass er damit den anderen verletzt. Aber Menschen wissen oft nicht, welche unbewussten Ängste oder Kränkungen in ihrem Inneren sie zu diesem Handeln verleitet haben.

Verletzungen geschehen in vielen Fällen aus dem Unbewussten heraus. Auch wir haben andere schon gekränkt, ohne dass es uns wirklich bewusst war. Erst an deren Reaktion haben wir erkannt, dass wir nicht wirklich aus Liebe gehandelt haben. Denn wäre es Liebe gewesen, hätten sie diese auch auf- und angenommen. Wir haben uns vielleicht in einer Situation nicht angenommen gefühlt und dann haben wir unsere eigene Unsicherheit oder Kränkung andere spüren lassen. Bewusst ist uns dies im jeweiligen Moment aber eher selten.

Dass wir oft nicht wissen, was wir tun, hat schon Jesus als zutiefst menschliches Verhalten erkannt. Denn bei seiner Kreuzigung sagte er in Bezug auf die Menschen, die ihm seine Wunden zugefügt haben und die ihn damit töten werden: »Vater vergib ihnen, denn sie wissen nicht, was sie tun.« (Lk 23,34)

Jesus wusste, dass wir andere oft aus Unbewusstheit kränken und daraus auch selbst Kränkungen erfahren. Aber er hat uns eindeutig gezeigt, dass jeder Mensch es wert ist, Vergebung zu erfahren. Und wir selbst sind immer wieder angewiesen auf diese Vergebung. Jedes Verzeihen, das wir erfahren, ist bedingungslose Liebe. Andere vermitteln uns dadurch: »Du bist der Liebe wert.«

Vergebung braucht jeder Mensch, sonst bleibt er von der Erfahrung von Liebe ausgeschlossen. Solange wir jemandem nicht vergeben können, schließen wir ihn von unserer Liebe aus. Wir stellen gleichsam noch Bedingungen, wie er aus Liebe heraus hätte handeln müssen.

Wenn wir diese Bedingungen loslassen, vergeben wir. So führt uns jede Vergebung auf den Weg, bedingungsloser lieben zu können. Wenn wir bereit sind, diesen Weg zu gehen, wird unsere Liebe *blutrot*.

Wir brauchen Vergebung vor allem für unsere Eltern und andere Bezugspersonen. Denn wenn wir ihnen nicht vergeben, kann uns das langfristig viel Kraft und Lebensfreude rauben.

Unser seelisches Befinden kann oft mit Erlebnissen aus unserer Kindheit zusammenhängen. Dabei stoßen wir unweigerlich auf das Verhalten unserer Eltern. Und weil wir gerne nach Schuldigen suchen, die wir verantwortlich machen können, konzentrieren wir uns meist auf sie. Wir meinen, sie oder andere hätten uns bewusst verletzt und nicht ausreichend geliebt. Durch diese Haltung geraten wir in eine andauernde Opfermentalität. Wir waren zwar als Kind in gewisser Weise auch »Opfer«, weil wir von der Liebe und Fürsorge unserer Eltern abhängig waren. Aber dieses Opfer sind wir heute nicht mehr. Wir sind erwachsen und für uns verantwortlich. Deswegen müssen wir mit den Kräften, die wir zur Verfügung haben, aktiv auf unsere Geschichte antworten.

Wir können unserer Geschichte auf den Grund gehen, um zu verstehen, was uns gefehlt oder geschwächt hat. Dabei müssen wir nichts beschönigen, was für uns schmerzhaft war. Und schmerzhaft war es immer, wenn uns in einer Situation Liebe gefehlt hat. Aber heute liegt es allein an uns, wie wir die Liebe leben. Denn unsere Lebensgeschichte soll uns gerade zur Liebe führen – das ist ihr tieferer Sinn. Wenn wir diesen Sinn für uns verstanden haben, können wir sagen: Es war, wie es war. Und ich mache etwas Gutes daraus.

Durch Liebe können wir jede Enttäuschung und Verlassenheit in uns heilen. Es ist seit Menschengedenken der eine Weg, den wir in der Liebe zu gehen haben: über all die Einschränkungen und Lieblosigkeiten hinauszuwachsen und sie zur Liebe zu bringen. Die Liebe führt uns dann zu der Erkenntnis, dass es nicht entscheidend ist, was wir

Verletzendes von anderen aufnehmen, sondern was wir an Liebe aussenden.

Leidenschaftlich oder blutleer?

Frauen sind häufig in vielen verschiedenen Aufgaben aktiv. Sie haben Ideen, wollen in der Welt etwas bewirken und eigene Akzente setzen. Sie wollen ihre Fähigkeiten einbringen: in der Familie, im Beruf und im sozialen Engagement. Viele ihrer Aufgaben erfüllen sie, manche aber sind ihnen zu viel.

Wenn die Pflichten überhandnehmen, kommen die Sehnsüchte nach dem hoch, was sie gerade nicht leben. Sie spüren, dass manche Seiten ihres Lebens blutvoll sind, andere dagegen schon lange blutleer. Viele Frauen wünschen sich dann frischen Wind in ihrem Leben. Sie wollen heraus aus ihren Gewohnheiten, aus Aufgaben, die ihnen zu viel geworden sind oder keine Erfüllung mehr geben.

Manchmal möchten sie ganz andere Seiten leben, sich beruflich verändern oder sie wünschen sich, einfach nur mal da sein zu können und nichts zu tun. Aber dies in die Tat umzusetzen erscheint dann doch nicht so einfach. Da tauchen erst einmal Widerstände auf. Einen neuen Schritt zu wagen kann bedeuten, auch Erziehungsmuster oder eigene »Glaubenssätze« zu durchbrechen. Eine Frau, die sich nichts anderes wünscht, als einmal Ruhe für sich zu haben, wird dann beispielsweise innere oder äußere Stimmen hören, die sagen: »Hast du nichts zu tun?« Oder: »Du machst dir aber ein schönes Leben!«

Will sich eine Frau etwa selbstständig machen, wird sie mit Ratschlägen konfrontiert, die ihr sagen: »Tu das bloß nicht! Du gibst alle Sicherheiten auf, die du jetzt hattest. Das Risiko ist viel zu groß!«

Gegen solche Widerstände standzuhalten ist nicht einfach, denn die inneren Zweifel sind immer wieder da: Kann ich mir das zutrauen? Was ist, wenn es schiefgeht?

Wenn die äußeren Stimmen und die Selbstzweifel zu stark sind, kann einer Frau der Mut fehlen, etwas Neues zu wagen. Aber dann ist dieses Neue einfach noch nicht *rot*. Dann muss die Idee oder der Wunsch eben noch so lange reifen, bis er wie ein roter Apfel zu pflücken ist.

Wenn einer Frau eine Veränderung wichtig ist, dann wird dieser Wunsch immer wieder hochkommen, bis sie ihn gegen alle Widerstände durchsetzt.

Wenn Frauen spüren, dass sich ihr Leben schwer anfühlt, dann sind oft die Pflichten, die Verantwortung und die Erwartungen anderer einfach zu groß. Das Unbeschwerte hat keinen Raum mehr in ihrem Leben. Sie spüren das dann meist selbst, aber sie wissen keinen Weg, wie sie das ändern könnten. Viele Frauen erkennen dann, dass sie dazu erzogen wurden, möglichst viel zu leisten. Sinnliches oder Spielerisches wurde dabei wenig geachtet.

Ihr Leben kann wieder leichter werden, wenn sie etwas loslassen. Blutrot bedeutet eben: Abschiednehmen von Vertrautem, das keine Farbe mehr hat. Der Wunsch nach mehr Spontaneität und weiblicher Lebenslust braucht auch einmal das Aufgeben mancher Sicherheiten.

Zu Frauen gehört die Vielfältigkeit. Wird ihr Leben zu einseitig, dann fühlt es sich blutleer an. Aber wenn eine

Frau dies fühlt, kann sie ihr Leben auch wieder mit Rot und mit Leidenschaft auffüllen. Sie hat eine tiefe Liebe zu allem, was sie lebendiger macht, und dem wird sie immer wieder nachgehen, bis sie aus tiefstem Herzen wieder sagen kann: »*Ab morgen trage ich Rot!*«

Die rote Ampel – Mein Warnzeichen

Viele Frauen tragen kein positives Selbstbild in sich. Deswegen neigen sie dazu, Missachtungen widerspruchslos hinzunehmen und zu erdulden. Sie haben in ihrer Erziehung häufig nicht erfahren, wie sie ihre Weiblichkeit achten und schützen können – und daran leiden sie noch heute. Doch im Innersten haben sie den Wunsch, für sich zu kämpfen. Sie wollen zu sich stehen können und sich selbst mehr achten.

In jeder Frau steckt die Energie, sich aus ihrem Leiden herauszuarbeiten. Sie hat alle geistigen Kräfte, um aus der stillen Dulderin zu einer »sich-selbst-bewussten« Frau zu werden. In diesem Prozess kann ihr das Bild der *roten Ampel* helfen, ihre *roten* Energien nicht zu unterdrücken, sondern sie zu ihrer Stärkung einzusetzen.

Rote Ampeln sind im Straßenverkehr meist unangenehm. Wir müssen anhalten, obwohl wir lieber zügig vorankommen und möglichst schnell unser Ziel erreichen wollen. Wenn wir allerdings eine rote Ampel einfach überfahren, begeben wir uns in Gefahr. Wir überschreiten eine vorgegebene Grenze und provozieren so einen Zusammenstoß. Damit bringen wir uns selbst und auch andere in Gefahr.

Das Bild der roten Ampel ist auf unser persönliches Leben übertragbar. Immer wieder können wir es als Signalzeichen nutzen, um uns und andere zu schützen. Wir können dann unsere »rote Ampel« einschalten, wenn wir uns oder anderen Einhalt gebieten wollen.

Von Missachtung zur Selbstachtung

Manche Menschen leben ihre Aggressionen so aus, dass sie andere durch ihre Äußerungen schwächen. Das haben wir vermutlich alle schon erlebt, dass jemand uns mit Worten abwertet, uns lächerlich macht oder mit Anspielungen verletzt. Da wirft uns jemand mitten im Gespräch eine spitze Bemerkung zu oder wir spüren uns gegenüber eine herablassende Art. Oft sind diese versteckten Sticheleien so subtil und hintergründig, dass wir sie nicht einmal sofort merken. Solchen Erfahrungen werden wir immer wieder begegnen, weil wir Menschen so sind, wie wir sind.

In Momenten aber, in denen uns bewusst wird, dass wir abgewertet werden, sind wir allerdings erst einmal betroffen und manchmal auch sprachlos. Vielleicht fühlen wir uns wie gelähmt: Wir können nicht sofort reagieren. Wir ahnen, dass es uns gegenüber eine Aggression gibt und wir hier nicht genügend Wertschätzung erfahren, aber wir können sie nicht richtig begreifen, weil sie nicht offen aus- und angesprochen ist. Gerade so wird die Grenze gegenseitigen Respekts überschritten.

Auf diese Art der Grenzüberschreitung reagieren viele Frauen mit Rückzug. Sie fühlen sich angegriffen und in ihrem Selbstwert verunsichert. Sie trauen sich kaum, diesem Verhalten etwas entgegenzusetzen, und sind stattdessen gehemmt und entmutigt. Sie ziehen sich innerlich gekränkt zurück, lehnen diese Menschen vielleicht auch ab und wollen möglichst wenig mit ihnen zu tun haben.

Andere Frauen reagieren mit Rachegefühlen und verletzen den anderen durch ihre Worte. Zugleich bleiben sie diesen Menschen gegenüber misstrauisch und fühlen sich angespannt, wenn sie ihnen begegnen, weil sie wieder Aggressionen des anderen befürchten.

Solche Situationen haben einen bestimmten Sinn: Sie sind dazu da, damit wir wachsen und unsere Stärken hervorholen, die wir haben. Wenn wir aber nur still am Verhalten anderer leiden und sie innerlich wegen dieses Leids beschuldigen, verändern wir nichts. Sie werden uns das nächste Mal in gleicher Weise behandeln und die Grenze des Respekts wieder überschreiten.

Es liegt daher an uns, dieser Art des Miteinanders Einhalt zu gebieten. Dazu brauchen wir vor allem Selbstachtung. Diese ist nicht angeboren, aber wir können uns für sie entscheiden. Selbstachtung bekommen wir nicht von anderen, wir geben sie uns selbst.

Wir haben diese Achtung, wenn wir unseren Gefühlen ihren Wert geben, wenn wir unsere eigenen Fähigkeiten schätzen und uns selbst als wertvoll ansehen. Sofern wir uns selbst diesen Wert zugestehen, können wir ihn nie verlieren – auch nicht, wenn wir lieblos behandelt werden. Er bleibt uns, unabhängig davon, was wir konkret erfahren. Er hat nichts mit Beruf und Ansehen zu tun, er ist nicht an Äußerlichkeiten gebunden.

Wenn Menschen diesen Wert nicht achten, erleben wir das häufig als Verletzung. Es ist jedoch nicht unser innerer

Wert, der verletzt wird, sondern unser Wunsch nach Achtung. Und wir können frei wählen, wie wir mit diesem Wunsch nach Achtung umgehen. Wir können uns »in unser Schneckenhaus« zurückziehen und leiden oder wir können uns aufrichten und uns für Selbstachtung entscheiden.

Durch diese Selbstachtung bekommen wir die Stärke, unsere Grenze zu ziehen. Sie verleiht uns *rote* Kraft. Denn wir müssen Entwertungen nicht dulden und Verletzungen nicht hinnehmen. Wir können diese Missachtungen auch in eine Kraft verwandeln.

Wenn wir uns selbst etwas wert sind, werden wir auch unsere Gefühle achten. Dadurch haben wir die Sicherheit und die Stärke, Halt zu sagen. Oft warten wir lange darauf, dass andere dies für uns tun. Doch wir dürfen nicht vergessen: Es ist unsere Aufgabe, aus unserer eigenen Selbstachtung heraus zu handeln.

Eine Mutter erzählte mir von ihren Versuchen, in ihrer Familie immer wieder ihre Warnzeichen zu setzen, wenn es um Abmachungen geht. Zuerst versucht sie es im Guten mit der Bitte, doch auf die Absprachen zu achten. Sie schaltet so ihre »Ampel« zunächst auf Gelb. Doch wenn diese Bitte nicht gehört wird, kommt ihr *Rot*: »Ich mache auf keinen Fall so weiter! Ich habe eine Warnung ausgesprochen und wenn meine rote Ampel überfahren wird, dann hat das Konsequenzen. Und das Risiko eines ›Zusammenstoßes‹ tragt ihr ...« Diese Mutter spürt, dass es in solchen Situationen nicht allein um ihr persönliches Wohl geht, sondern dass sie auch ihre Werte vermitteln möchte, die im Zusammenleben beachtet werden sollen.

Je klarer wir uns ausdrücken, desto stärker wird unsere rote Ampel für andere aufleuchten. Wenn wir jedoch immer nur »Gelb« oder »Grün« aussenden, ist unsere Grenze durchlässig. Wir nehmen sie gleichsam zurück. Andere können sich dadurch animiert fühlen, dies auszunutzen.

Einige Frauen fühlen sich unsicher: Sie sagen selten »Halt«, weil sie fürchten, dadurch weniger gemocht zu werden. Manche meinen auch, sie würden andere mit ihrem »Halt« vor den Kopf stoßen. Aus der Angst heraus, sie könnten zu hart sein oder der Fehler könnte bei ihnen liegen, signalisieren sie – anstatt »*Rot*« – immer nur »*Gelb*«. Einige Frauen erkennen, dass es auch eine Angst vor der eigenen Kraft gibt. Sie spüren: Wenn sie Verantwortung für ihre Gefühle übernehmen, können sie nicht nur an einer Situation leiden, sondern sind gefordert, auch zu handeln. Mit einem klaren »*Rot*« gegen missachtendes Verhalten verstärkt jede Frau ihren eigenen Stand.

Wenn eine Frau ihren Eigenstand ernst nimmt, dann wird sie durch Situationen, die sie angreifen, nicht geschwächt, sondern sie kann daran wachsen. Auch andere werden durch die Grenzen, die sie setzt, nicht geschwächt. Sie werden vielmehr herausgefordert, in ihrer Beziehungsfähigkeit zu wachsen.

Jedes unserer Halt-Zeichen ist nicht nur für uns, sondern auch für die anderen ein Gewinn. Wir sind so für andere klar zu spüren. Sie wissen dann, mit wem sie »es zu tun haben«. Sie erkennen, wann sie anhalten und unsere Grenze achten müssen. Durch diese Klarheit schaffen wir lebendige Beziehungen. Wir zeigen uns als ein ernst zu nehmendes Gegenüber und andere können sich an unserer Grenze orientieren.

Es ist aber nicht in jeder Beziehung möglich, klare Grenzen auf diese Weise zu ziehen. Manchmal haben wir nur flüchtige Begegnungen, in denen wir zwar Missachtung erfahren, aber bei denen wir spüren, dass es nicht sinnvoll ist, unseren ganzen Einsatz zu zeigen. Trotzdem können wir uns in solchen Situationen abgrenzen, indem wir Verletzendes oder Abwertendes zumindest innerlich nicht annehmen. Wenn es uns schwächt, müssen wir es nicht in uns wirken lassen. Wenn uns beispielsweise eine Verkäuferin herablassend behandelt, sind wir frei, uns innerlich zu sagen: »Halt, das nehme ich nicht an! Ich lasse es bei ihr und gehe meinen Weg!« Dann bleiben wir in unserer Selbstachtung und lassen die Missachtung bei ihr.

Jede Form einer körperlichen Grenzüberschreitung braucht unser eindeutiges Stopp-Zeichen: Da gibt es etwa Berührungen, die wir nicht wollen. Es können auch Menschen sein, die ständig unsere Nähe aufsuchen und nicht fragen, ob es uns gerade passt.

Es liegt an der Achtsamkeit für uns selbst, zu entscheiden, wie viel Nähe wir zulassen können und wann uns diese Nähe zu viel wird. Wir haben es dann selbst in der Hand, unser Signalzeichen auf *»Rot«* zu setzen.

Je klarer wir darin sind, desto stärker können andere unsere Grenze wahrnehmen. Immer, wenn wir uns mit unseren Gefühlen verbinden und sie achten, sind wir sicher. Dann strahlen wir Klarheit aus und in dieser Klarheit sind wir *rot* und kraftvoll.

Aber auch uns selbst gegenüber müssen wir Einhalt gebieten, wenn wir in unserer Haltung zu anderen nicht achtungsvoll genug sind.

In einem Seminar erzählte mir eine Frau, dass sie ihren Mann in Streitsituationen mit wenig Respekt behandeln würde. Sie lasse ihren Ärger oft an ihm aus, indem sie ihn mit Worten niedermache. Sie meinte, sie würde einen anderen Menschen nicht in dieser Weise behandeln. Jeder Mensch verdiene es schließlich, respektvoll behandelt zu werden. Wenn der Streit beigelegt sei, schäme sie sich jedes Mal für ihr Verhalten. Deswegen wolle sie sich in Zukunft zuerst selbst ein Stopp-Zeichen setzen und ihren Mann trotz allem Ärger künftig mit mehr Achtung behandeln.

Wir beziehen unsere Sicherheit und Stärke aus dem Ernstnehmen unserer Gefühle, aber auch aus dem Einstehen für unsere Werte. Damit Zusammenleben gelingt, brauchen wir ein achtungsvolles Miteinander. Es ist die Grundvoraussetzung für Gemeinschaft und ein Ziel, für das es sich immer lohnt, sich einzusetzen. Dann haben wir immer etwas Größeres als nur die jetzige konkrete Situation im Blick. Dieses Größere ist letztlich die Liebe, die uns leitet. Durch sie haben wir den Impuls und die Kraft, diesem größeren Ziel auch zu folgen und zu einem guten Miteinander zu gelangen. Denn Achtung und Liebe führen uns und andere immer zu einem warmen *Rot* und zueinander.

Von der Enge in die Weite

Im Lauf unseres Lebens haben wir oft Denkmuster verinnerlicht, mit denen wir uns klein halten oder sogar schaden. Eines dieser Denkmuster ist das »Mangeldenken«.

In diesem Denken wird unsere Reaktion auf eine rote Ampel im Straßenverkehr immer sein: »Schon wieder Rot! Immer trifft es mich, die Arme«. In diesem Augenblick haben wir Mitleid mit uns selbst. Wenn wir sehr festgefahren sind, kann unser Denkmuster noch weiter gehen: »Die anderen bekommen immer alles, nur ich nicht ...«

Haben wir nur einmal in einer Situation das Gefühl gehabt, wir seien zu kurz gekommen, dann kann es passieren, dass wir an diesem Muster festhalten und es auch auf andere Situationen übertragen. Wir reagieren dann auf die geringste Form des Mangels mit unserer Kinderseele, die sich leicht zu kurz gekommen fühlt. Das verengt unseren Blick.

Wenn wir von Gefühlen des Mangels besetzt sind, dann haben andere das Bessere und wir bekommen immer das Schlechtere. Das kann das Wetter im Urlaub sein: Andere haben immer gutes Wetter, wir das schlechte. Das kann die Wohnung oder das Haus sein: Andere haben immer genau das Richtige, bei uns fehlt immer etwas. Und wir sehen nicht, was wir haben. Daran nähren wir unser Gefühl des Mangels.

Menschen in unserer Umgebung macht unsere Haltung eher aggressiv, weil sie sehen, dass es in unserem Leben meistens gar nicht nach Zu-kurz-gekommen-Sein aussieht. Sie spüren unseren engen Blick und wollen sich nicht daran beteiligen, dieses Mangeldenken bei uns weiter zu nähren. Hier liegt es an uns, unsere innere Ampel für uns selbst auf »*Rot*« zu schalten und diese Grenze zu achten.

Vielleicht haben wir schon als Kind öfter erfahren, dass wir etwas nicht haben konnten, was wir uns sehr gewünscht haben. Oder wir sind der Meinung, unsere Geschwister hätten mehr Zuwendung, Aufmerksamkeit oder materielle Dinge bekommen als wir. Wenn dem so ist, dann halten wir uns auch heute gerne an dem Gefühl von damals fest: »Ich bekomme nicht, was ich gerne hätte oder brauche ...«

Solche Erfahrungen können uns das Gefühl geben, dass wir es nicht wert sind, mit unseren Wünschen ernst genommen zu werden. Aber: Das war vielleicht zu unserer Kinderzeit unsere Angst. Ist sie das wirklich noch heute? Wir haben sicher inzwischen viele positive Erfahrungen gemacht, dass unsere Wünsche ernst genommen werden. Und heute sind wir für die eigenen Wünsche an das Leben auch selbst verantwortlich – und nicht mehr andere.

Unser Mangeldenken verführt uns jedoch dazu, unser Selbstmitleid weiter zu nähren und am alten Groll festzuhalten. Deshalb sehen wir unser heutiges Leben immer noch aus der Angst des Kindes. In dieser Angst bleibt unser Blick eng. Denn er sieht immer das Vergangene und nicht das Heute.

Doch das Festhalten an Vergangenem kostet mehr Kraft und Lebensfreude als das Loslassen und Öffnen für etwas Neues.

Wenn wir uns aus einengenden Denkmustern lösen wollen, müssen wir bereit sein, unser Selbstmitleid und unseren Groll herzugeben. Diese geben unserem Leben keine Farbe und keine Leichtigkeit. Wenn wir uns aber nach neuer Farbe sehnen, brauchen wir auch wieder die Freude, die uns selbstständige Entscheidungen vermitteln.

Denn wir vergessen zu oft, dass wir frei sind und wählen können. Wir müssen nicht an Denkmustern festhalten, die uns einengen. Wir können uns genauso für Denkweisen öffnen, die uns innerlich weit machen. Dann können erstarrte Muster in uns aufbrechen und wir können sagen: »Frühere Zeiten sind vorbei, jetzt ist eine andere Zeit.«

Wir müssen in einer solchen neuen und offenen Haltung den konkret vorhandenen Mangel nicht negieren, aber wir können uns für die Frage öffnen, wo in unserem Leben auch Fülle und Zufriedenheit ist.

Wir sind erst dann frei von unserem kindlichen Denkmuster, wenn wir beides sehen können: Mangel und Fülle gibt es immer zugleich – nicht nur bei uns, sondern auch bei anderen.

Dem Mangeldenken sind wir heute aber oft verhaftet, wenn es um die Sichtweise unterschiedlicher Lebensformen geht. Ist eine Frau etwa in eine Familie eingebunden, sieht sie eine Frau ohne Familie häufig als »unvollständigen« Menschen an. Lebt eine Frau alleine und will sich mit einer verheirateten Frau verabreden und diese hat an dem gedachten Tag wegen ihres Mannes keine Zeit, wird ihr schnell mangelnde Unabhängigkeit unterstellt. Geht eine Frau in ihrem Beruf auf, stellt sie einer Frau, die zu Hause ihrer Arbeit nachgeht, gern die unausgesprochene Frage: »Mehr machst du nicht?« Lebt eine Frau als Nonne, wird ihr ihre zölibatäre Lebensform leicht als »Unvollständigkeit« ausgelegt.

Gegen diese Art von Mangeldenken brauchen wir dringend ein Stopp-Schild. Es ist eine Entwertung, wenn wir aus unterschiedlichen Arten zu leben, aus jeweils einer bestimmten Sichtweise heraus einen Lebensstil zum Maß erheben und alle anderen mit Mangel verknüpfen. Dabei wird gerne die eigene Lebensform mit anderen verglichen und die eigene als die »Richtige« angesehen. Die Lebensweise anderer dagegen betrachten wir oft als unvollständig und defizitär. Diese Denkmuster engen uns ein und den anderen gestehen wir keine Freiheit für eigene Entscheidungen und Erfahrungen zu.

Jede Frau hat ihre eigene Lebensgeschichte, durch die sie geprägt ist und die in ihr Leben hineinwirkt. Jede hat auch ihr ganz eigenes Wesen, aus dem sie gerade ihre Einmaligkeit schöpft: Damit verbunden sind ihre je eigenen Stärken, aber auch Unsicherheiten, mit denen sie umzugehen hat.

Die rote Ampel ist hier unser Signalzeichen, eindeutig Halt zu sagen, wenn wir Menschen und insbesondere Frauen mit anderen Lebensformen als »Mangelwesen« betrachten. Denn in diesem Fall übersehen wir die Unterschiedlichkeit von Lebensgeschichten und die individuellen Neigungen. Wir nehmen dann die vielen verschiedenen Lebensumstände nicht wahr, die das Leben der Einzelnen mit ihren Erfahrungen von Höhen und Tiefen prägen.

Jede Frau ist aus sich heraus schon genug und braucht nichts, um »mehr« zu sein. Wir können uns durch die unterschiedlichen Lebensformen anderer Frauen immer wieder anregen und auch in Frage stellen lassen. So dürfen wir voneinander lernen, aber auch mitfühlen, was die jeweilige Art zu leben für eine Frau bedeutet, wer sie ist, was sie erfüllt und was dabei auch schwer ist.

Dann sehen wir nicht mehr den Mangel und die Enge, sondern nehmen die andere aus dem Geist der Offenheit und der Verbundenheit heraus wahr. Damit strahlen wir Wärme aus, die uns und anderen *rote* Farbe verleiht.

Von der Ohnmacht zur eigenen Kraft

Eine andere Denkrichtung ist die des Opfers in uns. Wenn wir mit dieser Haltung an eine rote Ampel kommen, dann werden wir uns sagen: »Wenn das Auto vor mir schneller gefahren wäre, dann wäre ich noch bei Grün durchgekommen. Jetzt muss ich nur wegen dem Fahrer vor mir anhalten!«

Mit solchen Gedanken nähren wir unser Opferdenken. Dann haben scheinbar die anderen etwas falsch gemacht und wir müssen es als »Opfer« büßen. Mit dieser Argumentation machen wir andere stark und uns selbst schwach. Wir fühlen uns ohnmächtig und den anderen ausgeliefert.

Doch so ohnmächtig sind wir nicht, denn in dieser Haltung kann auch ein vermeintlicher Gewinn liegen: Als Opfer haben wir immer jemanden, den wir anklagen können. Diese Anklage ist auch eine Ausrede für uns, wenn wir uns schwertun, uns abzugrenzen oder unsere Wünsche zu äußern: Jetzt ist der andere verantwortlich und nicht wir selbst. Es ist beinahe so, als wären wir in dieser Beziehung gar nicht vorhanden, sondern nur der andere mit seiner Stärke. Wenn wir dieses Denkmuster benutzen, sagen wir nicht, was wir wollen oder was wir nicht wollen. Wir sagen nicht, wie es uns geht, geben aber anderen die Schuld für unsere unbefriedigende Situation.

Es hat sicher einen Sinn gehabt, als Kind in bestimmten Situationen eigene Wünsche oder Aggressionen zurückzuhalten. Vielleicht konnten wir damit Konfliktsituationen besser überstehen als mit kindlicher Wut und Geschrei. Es gibt immer auch im Kind schon eine tiefere Weisheit, die es erkennen lässt, was jetzt das Bessere ist.

Doch wenn uns dieses Muster aus unserer Kindheit heute schwächer macht und uns immer noch in der Opferhaltung hält, dann ist es Zeit, uns daraus zu lösen. Denn der Sinn unseres Lebens ist nicht, schwach zu bleiben, sondern alle Kräfte in uns zu entfalten und ein eigener Mensch zu werden.

Solange wir jemanden anklagen, bleiben wir an diesen Menschen gebunden. Mit jeder weiteren Schuldzuweisung erneuern wir diese Bindung. Wir spüren zugleich die Aggression gegenüber dem anderen, aber wir handeln nicht, weil wir nicht zu uns stehen. So grenzen wir uns nicht ab und werden dadurch nicht eigenständig. Im Gegenteil, wir opfern unsere Fähigkeit, eigene Entscheidungen zu treffen und Ja oder Nein zu sagen.

Wir kommen in eine Opferhaltung, wenn wir nicht daran glauben, dass wir aus eigener Kraft eine Situation so gestalten können, dass sie für uns passt. Um die eigene Kraft zu spüren, brauchen wir auch die Achtung vor unserer Aggression. Sie warnt uns, wenn jemand sich zu viel Raum nimmt und uns in die Ecke drängt. Wenn wir unsere aggressiven Gefühle übergehen und nicht thematisieren, überlassen wir anderen diesen Raum. Wir selbst fühlen uns als Opfer, weil ein anderer angeblich zu stark ist.

Aggression macht uns oft Angst, weil wir nur ihre zerstörerische Kraft sehen, die andere angreift und verletzt. Doch Aggression ist auch jene Kraft, mit der wir für uns einstehen und uns gerade so auch vor Verletzungen schützen können. Mit ihr können wir anderen entgegentreten und »Halt« sagen, wenn uns deren Verhalten nicht guttut.

Für sich selbst einzustehen fällt Frauen in ihren Beziehungen und wenn es um ihre eigenen Vorstellungen geht oft schwer. Im Innersten glauben sie, selbst nicht wert zu sein, dass ihre Gefühle oder Wünsche ernst genommen werden. In dieser Unsicherheit sind sie leicht geneigt, sich anderen unterzuordnen und sich damit selbst zum Opfer zu machen.

Eine Frau erkannte, dass sie diese Neigung in sich hatte. Sie war immer wieder bereit, ihren Urlaubswunsch dem ihres Mannes unterzuordnen. Sie wollte lieber am Meer liegen anstatt auf die Berge zu steigen. Aber ihr Mann hatte immer Argumente, gegen die sie irgendwann nichts mehr einzuwenden wusste. Er meinte, er könne am Meer nichts anfangen und es sei ihm zu langweilig. Also opferte sie ihren Wunsch und fuhr wieder mit in die Berge. Doch jedes Mal war für sie etwas am Urlaub nicht passend. Entweder trübte das schlechte Wetter oder die kleine Ferienwohnung ihre Urlaubsfreude. So hatte sie immer einen Grund, ihren Mann innerlich anzuklagen und ihm die Schuld für den misslungenen Urlaub zu geben. Unbeschwert waren diese Urlaube nie.

Doch letztlich ist die Frau für diese Situation selbst verantwortlich: Sie hatte nie wirklich Ja, aber auch nicht Nein gesagt und hatte so ihrem Mann den Raum für seine Entscheidung gelassen, die sie nicht wirklich mittragen konnte.

Dieses Unterordnen eigener Vorstellungen ist vielen Frauen vertraut. Manche haben in ihrer Kindheit gelernt, dass sie die »Gute« sind, wenn sie ihre Wünsche oder Aggressionen um des Friedens willen aufgeben oder hintanstellen. Manch andere haben aber auch einfach Angst davor, eigenständig und damit getrennt von anderen zu sein. Doch diese Angst hat jede Frau schon viele Male überwunden, sonst wäre sie heute nicht erwachsen, sondern immer noch Kind. Eben diese Erinnerung an die vielen eigenen Schritte der »Angstbewältigung« auf ihrem bisherigen Lebensweg kann ihr zur Kraftquelle werden, damit sie ihren Weg zur Eigenständigkeit auch heute immer weitergehen kann.

Wir kommen immer in unsere *rote* Kraft, wenn wir uns zeigen und uns den anderen zumuten mit dem, was wir wollen. Wenn wir für uns einstehen können und eigene Entscheidungen treffen, stehen wir auf eigenen Füßen. So lösen wir uns aus dem Denkmuster des Opfers und dem lähmenden Gefühl, nichts bewirken zu können.

Wenn wir uns gegenüber dem achtlosen Verhalten anderer abgrenzen, haben wir schon etwas bewirkt: Wir haben eine Situation so verändert, dass sie uns nicht mehr schwächt, sondern uns Stärke gibt.

Es gibt leider auch Situationen, in denen Menschen durch Gewalt zum Opfer werden. Dann braucht es eine Anklage, um das erfahrene Leid zu benennen und dazu zu stehen. Es braucht Achtung vor der Art und Weise, wie Menschen dieses Leid bewältigen.

Doch in jedem von uns gibt es bei allem Leid auch den Wunsch, etwas Neues zu schaffen. Wir wollen unser Leben selten festlegen lassen auf das Leid, wir wünschen uns ein Leben ohne dieses Leid. So richten wir unseren Blick in die Zukunft und entwickeln geistige und seelische Kräfte, die uns helfen, unser Leid zu überwinden. Wir tragen immer auch ein Bild in uns, wie unser Leben ohne das Leid wäre.

Durch diese Vorstellung werden die kreativen Kräfte in uns angesprochen, mit denen wir dieses Leben auch so gestalten wollen.

Dieses Neue ist uns durch unseren eigenen Willen und durch unser Mitgefühl für uns selbst möglich: Wie fühle ich mich, Opfer eines anderen zu sein? Wie lange will ich mit diesem Gefühl leben? Bin ich weiter bereit, mich von einem Menschen so besetzen zu lassen? Was wäre, wenn ich davon frei wäre?

Aus diesem bewussten Wahrnehmen unseres Opferseins können wir bereit werden zu handeln. Dann kann es uns gelingen, gegen unser eigenes Opferdenken unsere rote Ampel einzuschalten und zu sagen: »Halt! Genug ist genug! Ich bin frei zu wählen. Ich kann mich entscheiden, ob ich einem Menschen weiter Macht über mich gebe oder nicht.«

Wenn wir die Opferhaltung aufgeben, sind wir herausgefordert, auch die Anklage an einen bestimmten Menschen aufzugeben. Durch dieses Lösen aus der Abhängigkeit vom anderen können wir wieder mehr auf unsere eigene Kraft vertrauen. Wir lassen uns nicht mehr durch fremdes Verhalten besetzen und gewinnen dadurch mehr Leichtigkeit. Viele Frauen haben allerdings durch körperlichen Missbrauch tiefe Verletzungen erlitten. Die Erfahrung, ein solches Opfer gewesen zu sein, kann sich prägend auf das ganze Leben einer Frau auswirken. Gefühle von Angst, Verlassensein, Scham oder auch Schuld können sich lange halten. Manche Frauen fühlen sich in ihrem Bedürfnis nach Nähe verunsichert und grenzen sich oft mehr ab, als sie es sich in ihrem Innersten wünschen. Sie spüren auch, wie sehr Misstrauen oder Scham sie in ihrer Sexualität einschränkt.

Jede Frau verdient besondere Achtung und Respekt für die Art und Weise, wie sie versucht, mit dieser Erfahrung von Missbrauch ihr Leben zu meistern. Missbrauch ist nicht wieder rückgängig zu machen – und auch die Verletzungen, die damit verbunden sind, werden nie ganz heilen. Sie gehören zur Lebenserfahrung dieser Frauen. In manchen Fällen ist eine jahrelange therapeutische Begleitung notwendig, damit sich diese Frauen aus ihrem Leiden wieder aufrichten können.

Doch eine Frau kann gerade aus dieser Erfahrung heraus auch neue Stärken entwickeln. Sie kann erkennen, dass sie vielleicht gegenüber jeder Art von Grenzüberschreitung besonders sensibel geworden ist. Wenn sie ihrem Gefühl traut, kann dies ihre große Stärke werden, die sie in Beziehungen einbringen kann. Sie hat ein sicheres Gespür dafür, wann Nähe sich gut anfühlt oder wann sie zu bedrängend wird. Gerade aus dieser gewachsenen Empfindsamkeit heraus kann es ihr nun gelingen, gegen Grenzüberschreitungen ihre Ampel frühzeitig auf »*Rot*« zu stellen.

Sie kann auch ein besonderes Gespür dafür entwickeln, wem sie trauen kann und wem nicht. Sie ist sensibel, ob Menschen sie so achten, wie sie ist, oder ob sie nur etwas von ihr haben wollen. Ihre besondere Aufmerksamkeit für solche Situationen und Beziehungen kann ihr helfen, ihr »*Rot*« auszusenden, wenn sie sich ausgenutzt fühlt.

Eine Frau kann aus der Erfahrung des Missbrauchs auch eine besondere Liebe zu Kindern entwickeln. Sie kann oft sehr achtsam und einfühlend mit ihnen umgehen.

Eine Frau, die Missbrauch erlebt hat, kann durch alles, was ihr widerfahren ist, ganz eigene Stärken entwickeln, die auch andere bereichern. Sie kann aus einer Erfahrung, die sie möglicherweise lange geschwächt hat, etwas Besonderes machen. Wenn sie erkennt, welche Kräfte sie gerade durch ihr Schicksal entwickelt hat, kann sie von dem Gefühl des Opfers frei werden.

Oft hilft hier auch die sich selbst gestellte Frage, wie sie denn leben würde, wenn sie die Erfahrung des Missbrauchs nicht gemacht hätte. Das Gefühl des Freiseins kann Impuls sein, dort wieder anzuknüpfen und daraus Phantasie für einen neuen Ausdruck ihrer eigenen Weiblichkeit zu entwickeln. Die Ampel kann ihr als Signalzeichen dienen und sie warnen, wenn sie wieder in Gefahr ist, in das Gefühl des Opfers zu fallen. Wenn sie spürt, dass sie sich aus diesem Opfergefühl heraus ihre weibliche Lebendigkeit versagt, kann sie »Stopp« dazu sagen. Sie kann zwar Missachtung aufgenommen haben, aber gerade daraus zur Achtung für sich selbst finden.

Von Selbstkritik zur Annahme

Wir Frauen neigen auch dazu, uns selbst ständig zu kritisieren. So stehen wir vor der roten Ampel und sagen: »Wärst du doch schneller gefahren, dann hättest du noch bei Grün durchfahren können. Das hast du wieder mal nicht richtig gemacht. Typisch für dich!«

Diese Selbstkritik fängt häufig schon morgens an, wenn wir uns im Spiegel ansehen. Irgendeinen Makel finden wir dann immer, der uns stört. Diese Selbstkritik kennen wir aber auch aus vielen anderen Situationen. Manchmal sagen wir uns dann innerlich auch noch Worte wie: »So dumm kannst nur du sein!« Doch mit dieser Abwertung und Strenge uns selbst gegenüber fühlen wir uns schlechter als vorher.

Gegen Selbstkritik schalten wir am besten unsere Ampel sofort auf »*Rot*«: Halt! Wir sehen eben so aus, wie wir aussehen. Daran ist nichts falsch. Es ist allein unsere Bewertung, die etwas Negatives daraus macht. Durch unsere Kritik ändern wir nichts an unserem Aussehen, wir schwächen nur unseren Selbstwert. Und wir verweigern uns auch den liebevollen Blick auf uns selbst.

Wir müssen uns selbst nicht mit »gut« oder »schlecht« beurteilen. Wir können uns auch annehmen, wie wir sind. Doch auf diese Aufforderung reagieren viele Frauen erst einmal mit: »Ja, aber ...« In diesem »Ja, aber ...« liegt zwar ein Erkennen, dass ihnen diese Annahme guttun würde. Aber gleichzeitig halten sie an ihren bisherigen Überzeugungen fest. Sie meinen: Sie würden sich zwar gerne selbst annehmen, aber das sei doch nicht so einfach. Man müsse doch selbstkritisch sein, um sich weiterzuentwickeln und auch um nicht überheblich zu werden. Die Selbstkritik sehen sie als Möglichkeit, ihre Fehler loszuwerden.

Doch mit Selbstkritik verstärken wir das Gefühl, dass etwas an uns nicht »richtig« sei. Wenn wir uns dagegen annehmen, wie wir im Moment sind, brauchen wir kein Urteil. Eine Frau wandte in einem Gespräch ein, dass sie doch nicht ihre Ungeduld annehmen könne. Sie müsste doch alles tun, um sie zu bekämpfen. Damit meint sie, dass ihre Ungeduld nicht da sein solle, weil sie doch ein Fehler an ihr sei.

Wenn wir uns annehmen können, wie wir sind, werden wir uns sagen: Diese Ungeduld ist einfach da. Sie ist nicht richtig und nicht falsch. Sie ist einfach ein Gefühl. Wir werden uns jedoch fragen, wie es uns damit geht: Fühlen wir uns gereizt oder angetrieben? Frei oder unfrei? Gibt es dabei eine Freude oder eine Angst?

Durch Selbstannahme werten wir nicht, sondern fühlen zunächst mit uns und entwickeln aus diesem Gefühl heraus etwas Neues. Dann können wir uns fragen, was wir jetzt daraus machen. Damit richten wir uns nach vorne, ohne uns vorher kleingemacht zu haben.

Manche Frauen haben immer wieder damit zu kämpfen, dass sie zu Festen oder Verabredungen später kommen, als sie sich vorgenommen hatten. Sie wollen pünktlich sein, aber sie schaffen es dann doch wieder nicht. Sie suchen dann nach Gründen, die ihr Zu-spät-Kommen rechtfertigen sollen, oder sie martern sich mit Gedanken, warum es ihnen wieder nicht gelungen ist. Ihr Unpünktlichsein dient ihnen häufig dazu, sich selbst innerlich »niederzumachen«. Statt »sich niederzumachen« gewinnen sie Stärke, wenn sie sich in Ruhe annehmen: »Es ist jetzt so, wie es ist.« Wenn ihnen diese Pünktlichkeit wirklich wichtig ist, können sie sich fragen, was sie brauchen, um diesen Wert zu leben. Sie können aber auch erkennen, dass ihnen diese gar nicht so wichtig ist. Dann wäre es ihre *rote* Kraft, dazu zu stehen.

Wenn wir meinen, wir hätten in einer Situation nicht »richtig« gehandelt, wird uns Selbstkritik schwächer machen. Wir können die Situation einfach betrachten und erkennen, was gefehlt hat. Das, was gefehlt hat, können wir entwickeln. Dann wird es morgen *rot* sein.

Nicht nur mit Kritik, sondern auch mit Bewertung können wir uns und anderen schaden. Wenn wir andere häufig in ihrem Handeln oder Aussehen bewerten, werden wir leicht zur Nörglerin – ohne es selbst sofort zu merken.

Haben wir diese bewertende Haltung verinnerlicht, dann stehen wir an der roten Ampel und beobachten andere mit einem urteilenden Blick. Überquert vor uns eine Frau die Straße, haben wir sofort ein Urteil über sie parat: Ihr Aussehen ist schön oder weniger schön, sie ist uns sympathisch oder unsympathisch ... Meist entdecken wir an ihr irgendeinen Makel, den sie nach unserem Werturteil ändern sollte. Dieses Bewerten der anderen scheint gesellschaftlich ganz normal. Viele Menschen gehen heute davon aus, dass sie doch ein Recht hätten, über andere zu sagen, was sie von ihnen halten.

Doch über andere zu urteilen verführt dazu, uns über sie zu erheben. Wir schmälern gern den Wert des anderen, um so unseren eigenen zu erhöhen. Dabei sehen wir uns immer im Vergleich zu anderen – und entwerten uns so selbst. Wir können uns davon lösen, wenn wir uns bewusst machen, dass wir nicht vergleichbar sind.

In jeder Bewertung liegt immer auch eine Enge, die wir auf den anderen übertragen. Wir sehen einen Menschen in einer bestimmten Situation mit einer gewissen Eigenschaft. Und wir legen ihn darauf fest, dass er grundsätzlich so sei, wie wir ihn hier erleben. In unserer Bewertung geben wir ihm keine Chance, dass er auch noch ganz andere Seiten in sich tragen kann.

Auch hier können wir von unserer Angst bestimmt sein, nicht gut genug zu sein. Wir vergleichen uns mit diesem

Menschen. Und um die Angst, im Vergleich mit ihm nicht gut abzuschneiden, wieder loszuwerden, geben wir sie an andere ab. Unsere Bewertung macht dann den anderen nicht gut genug. Wir dagegen bilden uns nun ein, besser zu sein.

Bewertungen trennen uns voneinander. Wenn wir sie loslassen, können wir das Verbindende zu anderen erkennen. Dabei ist Mitgefühl eine besondere weibliche Gabe, die wir nutzen können. Wir selbst wissen, wie wir uns fühlen, wenn andere uns mit ihren Werturteilen einengen. Warum sollten wir das an andere weitergeben?

Wir können unsere innere Ampel sofort auf »*Rot*« schalten. Wir halten dann an, wenn wir ansetzen wollen, jemanden zu kritisieren oder zu bewerten. Statt einen anderen Menschen zu kritisieren, können wir ihm sagen, wie es uns mit seinem Verhalten oder seinen Aussagen geht. Dabei nehmen wir unsere Gefühle ernst. So drücken wir den anderen nicht an die Wand. Wir lassen ihn stehen und wir stehen zu uns. Darin liegt Freiheit. In dieser Freiheit ist es immer möglich, aufeinander zuzugehen.

Die rote Ampel kann unser Signalzeichen bei jeder Form der Grenzüberschreitung sein. Sie kann uns helfen, mit unseren einengenden Denkmustern hellhöriger umzugehen. So können wir auch an der gelben Ampel schon für Gefahren aufmerksam werden. Dieses Gelb kann aufleuchten, wenn wir dabei sind, in alte Verhaltensmuster zurückzufallen, die uns beengen.

Wir brauchen aber nicht nur das rote oder gelbe Licht der Ampel, sondern auch das grüne, um in Fluss zu kommen. Wenn wir erstarrte Muster ins Fließen gebracht haben, können wir uns sagen: »Wir sind auf dem richtigen Weg!«

Es ist gerade unser weiblicher Weg, immer wieder aufzudecken, wo uns Lebendigkeit und eigene Stärke fehlen. In unseren Verhaltensweisen und Denkmustern erkennen wir, ob sie uns Kraft geben oder nehmen. Dort, wo sie uns Kraft nehmen, verlieren wir unser *Rot*. Doch mit dem Ziel, zu wachsen sowie Wertschätzung und Liebe immer weiterzuentwickeln, setzen wir uns ein Zeichen: »*Ab morgen trage ich Rot!*«

Das rote Zelt – Mein Raum für neue Kräfte

Wenn wir den Wert weiblicher Lebenskräfte mehr geachtet wissen wollen, dann müssen wir erst einmal bei uns anfangen. Wir müssen uns zuallererst die Frage stellen, inwieweit wir dies selbst für uns tun wollen.

Dass die Geringschätzung des Weiblichen so lange in unserem Leben wirken konnte, hat auch damit zu tun, dass wir diese angenommen haben. Wir haben selbst daran geglaubt, dass das Weibliche in uns dem Männlichen gegenüber nicht gleichwertig sei. Und als Gegenreaktion haben wir unsere männlichen Seiten zu stark betont und das Weibliche in uns unterdrückt.

Doch jede Entwicklung hat ihre Bedeutung. Wenn wir sie wirklich durchleben, können wir mit den daraus gewonnenen Erfahrungen auf ganz neue Weise vorwärtsgehen. Deswegen müssen wir aus der Vergangenheit lernen und uns heute darum kümmern, wie wir das Verlorengegangene unserer Weiblichkeit wieder ans Licht holen und in unser Leben integrieren können.

Auf diesem Weg können uns die Weisheiten früherer Kulturen helfen.

Rückzug und Erneuerung

In orientalischen Kulturen konnten sich Frauen zu bestimmten Zeiten für einige Tage in ein *rotes Zelt* zurückziehen. Sie waren in diesen Tagen von ihren üblichen Aufgaben befreit und wurden dort von älteren Frauen umsorgt. Ähnliche Bräuche gab es auch in indianischen Kulturen.

Das Zurückziehen der Frauen aus allem Aktiven galt als heilige Zeit. In ihr lag eine besondere spirituelle Energie. Die Frauen konnten in diesen Tagen innerlich leer werden, neue Kraft schöpfen und diese Kraft wieder in den Alltag einbringen.

Wenn heute Frauen in meinen Kursen von diesen Ritualen anderer Kulturen erfahren, sind sie fasziniert. Sie spüren eine tiefe Sehnsucht in ihnen und sie erfahren instinktiv, dass diese Rituale etwas Heilendes und Stärkendes in sich tragen. Viele Frauen würden sich gerne diesen Ritualen unterziehen.

Zeremonien und Rituale sind das Erbe einer Kultur und haben immer einen bestimmten Sinn. Sie vermitteln und bewahren Werte.

Doch gesellschaftliche Entwicklungen haben Rituale verändert oder verdrängt. So geht die tiefe Weisheit verloren, die oft hinter Zeremonien verborgen liegt.

Im Ritual des *roten Zeltes* wurde den Frauen vermittelt, dass es für Körper und Seele immer wieder notwendig ist, sich aus der täglichen Arbeit herauszunehmen und sich fallen lassen zu können. Das bedeutete, für eine bestimmte Zeit alles aus der Hand zu geben, was sonst wichtig erschien, und sich nach innen zu wenden.

Zur Heilkraft dieses weiblichen Rituals gehörte auch, dass die Frauen mütterliche Energie aufnehmen konnten. Sie wurden von älteren Frauen genährt und umsorgt. Diese weisen Frauen wirkten auch als Mentorinnen für die jüngeren Frauen. Sie stärkten sie durch ihre Weisheit.

Die Frauen dieser Kulturen wussten instinktiv, was dem Körper und der Seele einer Frau guttut. Dieses instinktive Wissen haben wir heute noch. Wir wissen, dass Aktivsein *und* Rückzug in gleichem Maße für uns notwendig sind. Aber wir geben beiden Kräften nicht mehr den gleichen Wert. Wir definieren uns gegenwärtig meist mehr aus dem, was wir nach außen hin leisten – und geben uns wenig Raum zu spüren, wer wir im Innersten sind. Heute meinen wir, wir würden vor allem in der Aktivität intensives Leben finden. Doch wir übersehen dabei, dass uns unsere weibliche Natur etwas anderes vorgibt.

Es hat einen bestimmten Sinn, dass unser weiblicher Körper einen besonderen biologischen Rhythmus hat. Mit ihm durchleben wir immer wieder den gleichen Prozess von Rückzug, Verwandlung und Erneuerung. Dieser körperliche Zyklus begleitet unser Leben und hat für unsere Seele eine wichtige Bedeutung. Denn auch unsere Psyche muss immer wieder die gleichen Phasen von Loslassen, Veränderung und dem Finden neuer Lebenskräfte vollziehen.

Wenn wir unsere Aktivität zu sehr in den Vordergrund stellen, übersehen wir, welche Stärke in der spirituellen Seite unserer weiblichen Natur liegt. Wir brauchen immer wieder den inneren Raum, um uns dort von allen äußeren Einflüssen frei zu machen und zu uns selbst zu finden. Solange wir unsere spirituelle Seite aber verdrängen oder aufgeben, fehlt uns ein wesentlicher Teil unserer Weiblichkeit. Dass uns weibliche Energie fehlt, spüren wir besonders in Zeiten, in denen wir sehr gefordert sind. Dann erkennen wir am deutlichsten, dass wir uns nicht nur auf die Bewältigung unserer Aufgaben konzentrieren können, sondern dass wir auch Zeit für uns selbst brauchen.

Eine Mutter, die 24 Stunden am Tag die Bedürfnisse ihrer Kinder stillt, braucht ruhige Momente, in denen niemand etwas von ihr will. Sie kann sonst irgendwann nicht mehr geben und wird unausgeglichen und freudlos. Aber für diese stillen Momente muss sie selbst sorgen, es wird kaum jemand für sie tun.

Eine Frau, die im Beruf den ganzen Tag mit unterschiedlichen Menschen Gespräche führt, braucht am Abend eine Zeit, in der sie mal nicht aufnahmefähig sein muss. Auch sie muss sich diese stille Zeit selbst nehmen.

Oder eine Tochter, die ihren alten Vater oder ihre kranke Mutter pflegt und kaum mehr Raum für ihr eigenes Leben hat, braucht eine gewisse Zeit für sich selbst. Sonst wird sie immer mehr von jener Liebe verlieren, die sie ihren Eltern in der Pflege letztlich geben möchte. Sie braucht auch Liebe für sich selbst – Zeit für sich selbst –, um ihre Liebe weitergeben zu können.

Jede Frau kann sich ihr persönliches *rotes Zelt* schaffen, in das sie sich zurückziehen kann. Sie muss diesem inneren Raum nur seinen Wert geben. Vor allem muss sie ihre eigene weibliche Natur wertschätzen, dann wird sie immer wieder ihr eigenes *rotes Zelt* aufsuchen. So kurz die Momente des Zurücknehmens und In-sich-Gehens für eine Frau manchmal auch sein mögen, so kann sie doch erfrischt und gesammelt wieder daraus hervorkommen.

Meine Mutter lebte ihr *rotes Zelt* in der Kirche. Sie sagte mir einmal, dass die Kirche ihr unter anderem auch ein Rückzugsort sei, um Abstand von ihrem Alltagsleben zu bekommen. Sie hatte eine Familie mit sieben Kindern zu versorgen. Dort war immer etwas los und sie hatte immer etwas zu tun. Es gab keinen Platz, sich zurückzuziehen. In der Kirche aber wollte niemand etwas von ihr. In der Kirche konnte sie bei sich bleiben und geistige wie auch seelische Kraft tanken. Von dort konnte sie mit neuer Ruhe, innerer Weite und Gelassenheit in ihren Alltag zurückgehen.

Manche Frauen fühlen sich jedoch nur wertvoll, wenn sie etwas zu arbeiten haben. Nichtstun ist für sie vergeudete Zeit. Aber in ihrem ständigen Tun ist eher Zwang als Freude zu spüren. Diese Frauen würden es nicht wagen, sich tagsüber mit einem Buch in den Liegestuhl zu legen – auch wenn ihnen der Sinn danach wäre. Sie würden sich auch nicht trauen, sich einfach nur auf ein Sofa zu legen und Musik zu hören. In solchen Momenten des Nichtstuns werden Stimmen in ihnen hochkommen und ihnen vorwerfen, sie seien faul. Diese Stimmen gilt es zu hören und sich zu fragen, wem sie eigentlich gehören.

Oft sind es die Stimmen der Eltern, denen die Frauen innerlich noch gehorchen. Durch ihr Gehorchen wirken sie nach außen immer aktiv, in ihrem Inneren sind sie aber passiv. Sie entscheiden nicht, was sie selbst wollen. Sie nehmen sich nicht die Freiheit, die sie haben. Weil sie an Vergangenem festhalten, überprüfen sie nicht, ob ihnen die übernommenen Verhaltensmuster überhaupt guttun oder ob sie ihr Leben einengen. Frei sind sie erst dann, wenn sie wählen können, wann sie die fleißige Frau in sich brauchen und wann sie diese loslassen wollen, weil sie ihrer Lebensfreude im Weg steht.

Oft gehen einengende Lebensmuster von der Mutter auf die Tochter über. Manche weiblichen Kräfte der Mutter konnten sich häufig nicht genügend entfalten – und sie gibt diese Unfreiheit unbewusst an ihre Tochter weiter.

Doch jedes Muster kann durchbrochen werden. Diese Befreiung ist heilsam, weil die Frau so aus eingefahrenen Verhaltensweisen ausbrechen kann und zu mehr Leben gelangt. Jede Frau muss entscheiden, ob sie die übernommenen Eingrenzungen wirklich will oder ob sie hier aus den Fußstapfen ihrer Mutter heraustreten und sich auf ihre eigenen Füße stellen will.

Aus eigener Kraft heraus zu stehen hat jede Frau als Kind beim Laufenlernen schon praktiziert. Damals hat der erste eigenständige Schritt jeden zum Jubeln gebracht, warum nicht auch heute? Denn es ist unser natürlicher Antrieb, dass wir uns weiterentwickeln. Wir erfahren Freude, wenn wir die eigene Persönlichkeit immer stärker ausdrücken können.

Die Kraft dazu kann in jeder Frau reifen, wenn sie sich in ihr *rotes Zelt* zurückzieht und über ihre Lebensmuster nachdenkt. Dazu sind »weise Frauen« oft hilfreiche Begleiter, die zu weiteren Gedanken anregen und neue Schritte im Leben aufzeigen.

Viele Frauen haben eine tiefe Sehnsucht, einmal von all ihren Pflichten und Verantwortlichkeiten in Beruf und Familie frei zu sein. Sie fühlen sich oft müde und ausgelaugt, weil sie all den an sie gestellten Erwartungen entsprechen. Sie möchten nichts anderes, als sich an einen ruhigen Ort zurückzuziehen und dort von den Ansprüchen anderer frei zu sein.

Doch einige sehen für sich keine Möglichkeit, zu diesem Ort der Ruhe zu kommen. Wenn sie erzählen, ist stets zu spüren, wie schwer sich das Leben für sie anfühlt. Sie meinen oft, sie müssten aushalten und warten, bis sich jemand anderer in ihrem Umfeld verändert und sich dadurch ihre Situation verändert.

Es gibt Situationen, die man einfach aushalten und durchstehen muss. Dann wird uns das Durchtragen einer schwierigen Situation auch zur Reife führen. Aber hier ist dieses Aushalten eher ein Festhalten. Es ist ein Festhalten an einem Muster, für das sich viele Frauen einmal entschieden haben. Sicher hat ihnen dieses Muster irgendwann geholfen, um zum Beispiel das Gefühl zu bekommen, mehr geliebt zu werden. Aber wenn sich nun ihr Leben schwer anfühlt, ergibt dieses Muster heute keinen Sinn mehr. Frauen verlieren vielmehr ihre *rote Energie*, wenn sie weiter daran festhalten. Im Innersten sehnen sich diese Frauen nach Bewegung und Lösung, aber sie warten darauf, dass sie von außen bewegt und erlöst werden.

Wir geben häufig anderen die Schuld, wenn wir glauben irgendetwas nicht tun oder verändern zu können. Doch es sind meist nicht die anderen, die uns hindern, sondern wir selbst. Tief im Innersten wissen wir dies auch: Es sind unsere eigenen Ängste oder Selbstzweifel, die uns davon abhalten, uns zu bewegen. Manchmal fehlt uns einfach der Mut, etwas aufzubrechen und zu verändern, was schon immer so war. Wir haben oft auch Angst, falsch zu entscheiden.

Vielleicht trauen wir aber auch anderen – beispielsweise unserer Familie oder unseren Freunden – nicht zu, dass sie einmal ohne uns auskommen. Oder wir haben ein Idealbild von uns, an dem wir festhalten. Dieses Idealbild aber stimmt selten mit unserer Realität überein. Dann wollen wir für andere da sein und für sie sorgen – und fühlen doch, dass uns selbst dabei etwas fehlt. Möglicherweise wollen wir auch zeigen, dass wir Beruf, Familie und andere Aufgaben leicht »unter einen Hut« bringen können – und übergehen dabei die eigene Müdigkeit.

Sobald wir die eigene Lebenssituation zu belastend erleben und an ihr zu wenig Freude haben, ist es Zeit, uns zu bewegen. Denn wir müssen nicht immer nur aushalten und durchstehen, was sich schwer anfühlt. Wir können uns in einigen Situationen bewusst für ein leichteres Leben entscheiden. Manches fühlt sich für uns schwer an, weil wir oft lange an Vergangenem festhalten und uns davon nicht lösen wollen.

Das Leichtere kann dann erst einmal unser *rotes Zelt* sein, das wir aufsuchen müssen, um unsere Gedanken und Gefühle zu sortieren und um zu erspüren, was wir an unserer Situation verändern können. Es kann durchaus eine kleinere oder größere »Lebensentscheidung« sein, die wir im *roten Zelt* für uns fällen: »Will und kann ich so weitermachen wie bisher oder muss in mir etwas Neues entstehen? Muss ich vielleicht etwas abbrechen und zu Neuem aufbrechen?«

Sinn des Rückzugs

Wir brauchen Ruhe und müssen auch einmal allein sein, wenn wir Abstand zu unserem Alltag bekommen und über uns nachdenken möchten. Solche abgegrenzten Zeiten und Orte sind notwendig, damit wir uns nicht nur von unseren Aufgaben und Beziehungen her definieren, sondern auch noch spüren, wer wir ohne all dies sind. In der Ruhe bekommen wir einen weiteren Blick. Dann sehen wir auf einmal auch das, was wir sonst nicht wahrnehmen. Gefühle oder Sehnsüchte, die wir verdrängt haben, tauchen in der Stille oft wieder auf. Träume, die wir vergessen hatten, können uns dort wieder berühren.

Wenn wir all das ernst nehmen, kann uns dies zu Veränderungen in unserer Lebensweise und manchmal zu unkonventionellen neuen Entscheidungen führen.

Eine Zeit der inneren Einkehr bringt uns wieder zu unserer eigenen Mitte. Dort können wir erkennen, wer wir in unserem Innersten wirklich sind. Wenn wir dann auch den Mut haben, in der Einkehr uns wirklich so anzuschauen, wie wir sind, dann können wir dort von neuem spüren, wozu wir berufen sind. Im Rückzug in die Auszeit sind wir mit uns selbst konfrontiert. Dort sind wir gefordert, ehrlich mit uns zu sein und uns zu fragen, ob die Art, wie wir zur Zeit leben, auch so für uns stimmt.

Im *roten Zelt* haben wir Abstand zu unserem Alltag und können so deutlicher erkennen, was im Moment zu viel für uns ist, was wir zu wenig haben, was wir aufgeben wollen oder was wir aus der Vergangenheit nicht mehr mitnehmen sollten. In der Stille des Zeltes sehen wir klarer, ob wir noch authentisch leben oder wo wir uns zu sehr angepasst haben.

Eine Ruhezeit ist wie eine innere Reinigung. Sie hilft uns, neu zu bestimmen, was wir brauchen und wovon wir uns lösen wollen. So werden Kräfte frei, die uns neu in Bewegung bringen und mit denen wir neue Schritte setzen können.

Zur Besinnung können uns aber auch äußere Umstände führen. Eine Krankheit etwa zwingt uns zur Ruhe und wir können dann nicht anders, als alles zu lassen, was wir sonst tun. Sie schenkt uns Zeit, in der wir uns nach innen wenden und unsere Gefühle wieder bewusster wahrnehmen können.

In der Krankheit werden wir demütig. Denn durch sie erkennen wir, dass es auch ohne unseren Einsatz geht. Diese Einsicht hilft uns, dass wir auch in Zukunft genauer hinsehen, was wirklich wichtig ist, und anderes lassen. Gerade eine Krankheit weist uns unter Umständen einen neuen Weg, den wir einschlagen sollen, um »gesund« zu werden.

Auch wenn wir etwas Schweres erlebt haben und dieses erst einmal verarbeiten müssen, ist eine Zeit des Rückzugs für uns notwendig und heilsam. Wir brauchen diese Zeit, um unsere seelischen Kräfte zum Bewältigen dieser Situation zu mobilisieren. Besonders in Trauerphasen suchen wir nach Ruhe und Stille, weil wir den Prozess von Loslassen, Verwandlung und Erneuerung in aller Intensität durchleben müssen.

Auch jede Form der Therapie ist ein Rückzug ins *rote Zelt.* Dort kann Verwandlung und Erneuerung geschehen.

Frauen, die sich in ihrer Lebensmitte befinden, suchen vermehrt nach Zeiten der Besinnung und Neufindung. Es ist nicht nur der körperliche Wechsel, der sie bewegt – sie erfahren in dieser Phase ihres Lebens oft auch bedeutende Veränderungen in ihrem Leben. Viele Frauen sind inzwischen von früheren Pflichten frei und spüren, dass sich neue Seiten an ihnen entfalten wollen. Andere müssen mit Trennungen und Krankheiten fertig werden und ziehen sich zur Bewältigung für längere Zeit zurück. Sie spüren in ihrem *roten Zelt*, dass sie loslassen müssen, um nach einer Zeit des Suchens aus neuen Kräften heraus leben zu können.

Eine Ruhezeit im *roten Zelt* bedeutet für uns nicht nur Neuorientierung, sondern kann auch bedeuten, immer wieder den tieferen Sinn unserer Aufgabe zu suchen und zu finden. Wenn wir wissen, warum wir etwas tun und was unser Ziel ist, sehen wir auch unsere alltägliche Arbeit aus einer anderen Perspektive. Wir verlieren uns dann nicht so sehr in Kleinigkeiten, sondern haben auch den größeren Wert unserer Arbeit im Blick.

Eine Mutter etwa, die immer wieder die Spielsachen ihrer Kinder aufräumt, wird dies als ermüdend empfinden und sich oft fragen, warum sie das tut. Sobald sie aber einen tieferen Sinn in diesem Aufräumen sieht, wird es ihr leichter von der Hand gehen.

Durch das Aufräumen will sie ihren Kindern möglicherweise ein Gefühl für Ordnung vermitteln, ihnen ein behagliches Zuhause bieten oder ihnen ein Gefühl für das Schöne aufzeigen. Sie muss in diesem Aufräumen gut wahrnehmen, ob sie es nur aus stiller Duldsamkeit oder Resignation tut oder ob sie aus einem größeren Sinn für ihre Aufgabe heraus handelt. Wenn ihr Antrieb aus diesem größeren Sinn entsteht, bekommt sie zu ihrem Alltag einen neuen Bezug.

Sie kann durch diesen Sinn innerlich wieder weiter und gelöster werden.

Eine Frau, die in einem Geschäft Kunden berät und immer wieder die gleichen Antworten geben muss, kann irgendwann daran überdrüssig werden. Wenn sie sich fragt, warum sie an diesem Platz steht und was ihr Ziel dabei ist, kann sie einen neuen Sinn für ihre Arbeit finden. Wenn sie ihren Beruf als Berufung sieht, ist eine gute Beratung für sie auch Erfüllung. Sie kann sich stets nach einem Beratungsgespräch zurücklehnen und sich denken: »Ich habe mein Bestes gegeben!« Möglicherweise gibt ihr diese Art zu arbeiten aber auch keinen Sinn mehr. Dann liegt es an ihr, sich neu zu entscheiden.

Als ich in einem Seminar vom *roten Zelt* sprach, meinte eine Frau, dass sie damit zunächst ein Zirkuszelt verbunden habe. Dies ist ein wunderbares Bild dafür, dass eine Auszeit die Lebensfreude nicht ausschließt, sondern eben diese von neuem aktiviert. Gerade das suchen viele Frauen in ihren Rückzugszeiten: Sie wollen weg von ihren Alltagspflichten und wieder Heiterkeit und Unbeschwertheit finden.

Dazu hat sich zum Beispiel eine Frauengruppe in einem gemeinsamen Urlaub ihr *rotes Zelt* auf einer griechischen Insel aufgestellt. Diese Frauen erzählten mir, dass sie gemeinsam in der Natur getanzt, die südliche Lebensart und ihre Freude am Leben genossen haben. Dieses Frohe hat jede als ihre neu gewonnene Kraft mit in den Alltag genommen.

Diese Frauen haben gemeinsam ihr *rotes Zelt* gesucht und auf einer Insel gefunden. Sie haben in ihrer Gemeinsamkeit Freude und Erholung genossen und jede Frau hat auch in der Stille für sich neue Kraft gefunden.

Viele Frauen fühlen sich gerade dann sehr weiblich, wenn sie lachen und heiter sein können. Nicht umsonst war dieses Zelt der orientalischen Frauen *rot*. Der Orient verband *Rot* auch mit Weiblichkeit.

Wenn das rote Zelt zusammen mit anderen Frauen aufgesucht wird, kann Weibliches in vielerlei Weise aufgefüllt werden. Denn Frauen können sich gegenseitig helfen und einfach füreinander da sein. Sie können aber auch durch die Weisheit eigener Lebenserfahrung für andere nährend und stützend wirken.

Rückzug in Beziehungen

Jede Partnerschaft hat ihre unterschiedlichen Phasen von emotionaler Nähe und von innerer Distanz. Frauen suchen besonders in Zeiten, in denen sie sich verändern, mehr Distanz zum Partner. Oft geschieht dies unbewusst, aber wenn sie diesen inneren Abstand dann wahrnehmen, erschrecken sie. Sie haben Angst, dass sie sich noch weiter vom Partner entfernen könnten.

Doch diese Phase des Abstands ist grundsätzlich nichts Schlimmes. Denn immer wenn wir Veränderungen in uns wahrnehmen, brauchen wir Zeit für uns. Dann benötigen wir einen Schutzraum, in dem wir zuerst für uns selbst entdecken können, was sich bei uns neu entfalten will. Meist sind wir erst einmal unsicher und wissen selbst nicht genau, warum sich manches für uns jetzt anders anfühlt. Wir finden dann häufig auch noch nicht die richtigen Worte, um uns mit anderen darüber auszutauschen. Wenn wir zu früh darüber sprechen, verstehen uns andere oft nicht und wehren erst einmal ab.

Eine Frau erzählte mir lachend, dass sie diese Erfahrung gut kennen würde. Sie habe eines Morgens ihrem Mann gegenüber erwähnt, dass sie mit manchen Seiten ihrer Beziehung nicht mehr zufrieden sei. Sie habe ihm aber nicht klar gesagt, was sie denn wirklich anders wolle, weil sie das selbst noch gar nicht so genau gewusst habe. So sei ihr Mann irritiert gewesen und habe gemeint: »Aber gestern war doch noch alles in Ordnung!« Sie verstand nach diesem Gespräch sofort, dass sie erst einmal mit sich selbst klären müsse, was sie genau wolle.

Wenn wir uns aber nur vom Partner zurückziehen, um auf Dauer allein zu klären, was uns beschäftigt, kann er verunsichert sein. Er weiß nicht, was sich in uns bewegt, und spürt nur die Distanz. Er kann Angst um die Beziehung bekommen und deshalb seine Partnerin eher bedrängen oder sich ebenfalls zurückziehen. Dadurch entstehen Missverständnisse, die die Distanz nur noch vergrößern können.

Wir schaffen Nähe und Vertrauen, wenn wir dem Partner sagen, warum wir jetzt ein *rotes Zelt* brauchen. Wir können ihn so daran teilhaben lassen, dass solche Phasen zu uns gehören und dass sie uns helfen, uns zu sammeln und zu stärken. Je mehr wir unsere weibliche Energie verstehen und annehmen, desto mehr kann sie auch unser Partner verstehen und uns den nötigen Raum lassen, sie zu pflegen.

Wir können ihn auch ermutigen, sich auch als Mann seine Distanzzeiten zu nehmen – wenn vielleicht auch in ganz anderer Form.

Der Partner braucht zugleich das Gefühl, dass unser Zurückziehen sich nicht gegen ihn richtet, sondern dass wir uns in unserem *roten Zelt* besinnen oder erholen wollen. Was wir dann aber neu in uns entdecken werden, wird auch die Beziehung zu ihm beleben.

Frauen, die ihren Drang nach Weiterentwicklung spüren, brauchen oft zu ihren Eltern mehr Distanz. Sie haben dabei aber oft ein schlechtes Gewissen, weil sie meinen, mehr Nähe zu ihnen leben zu sollen.

Doch diese Zeit der Distanz ist immer dann notwendig, wenn eine Tochter innerlich von den Eltern unabhängiger werden will. Dann ist ihr Abstand im *roten Zelt* eine Hilfe, um sicherer zu werden im neuen Verhalten, das sie ihren Eltern um sich selbst willen immer wieder zumuten muss.

Das Ziel aller Eltern ist, dass ihre Kinder ein eigenständiges Leben führen können. Wenn dies gelingt, haben sie ihre Aufgabe erfüllt.

Eltern haben aber häufig dieses Ziel nicht mehr im Blick, wenn ihre Kinder wirklich jene Schritte machen, die sie weiter in die Selbstständigkeit führen. Dann liegt es am Kind, den Eltern dieses Ziel immer wieder deutlich zu machen.

Eltern haben genügend Kraft, um mit dem Eigenständigwerden der Kinder fertig zu werden. Aber gerade das trauen Kinder ihren Eltern manchmal gar nicht zu. Aber jeder neue Schritt, den die Kinder gehen, bringt auch die Eltern weiter auf ihrem Weg, den sie selbst in ihrem Leben zu gehen haben.

Auch in Freundschaften gibt es Zeiten, in denen weniger Nähe zu spüren ist. Dann steht die Entwicklung jedes Einzelnen im Vordergrund. Eine tragfähige Freundschaft hält diese Distanzzeiten aus, weil jeder dem anderen den Raum lassen kann, bei sich zu bleiben. Manche Freundschaften erleben aber nach einer Zeit des Rückzugs Veränderungen, die keinen gemeinsamen Weg mehr zulassen. Dann hat der Abstand voneinander Klarheit darüber geschaffen, dass einer seinen Weg jetzt anders gehen will. Doch nichts von all dem, was sie in der Freundschaft verbunden hat, ist verloren. Sie haben sich einander gegeben, was sie zu einer bestimmten Zeit voneinander gebraucht haben. Wenn sie es jetzt nicht mehr voneinander brauchen, können sie loslassen und doch in freundlicher Weise verbunden bleiben. In allen Beziehungen werden immer wieder neue Bewegungen entstehen und dann darf sich in unseren Freundschaften jeder auch wieder neu und anders entwickeln.

Muttersein als Zeit der inneren Einkehr und der Erneuerung

Neues Leben zu gebären ist nicht nur ein Geschenk und eine körperliche Erfahrung, sondern auch eine besondere geistige Aufgabe. So hat jede Frau die Fähigkeit, Leben zu spenden und es weiterzugeben. Das bedeutet für eine Frau, dass sie besonders auf alles Lebendige in sich achtet und es in das eigene Leben immer wieder integriert.

Eine Frau kann ein Kind gebären, sie kann aber auch seelische Kräfte, neue Verhaltensweisen, belebende Ideen oder neu gewonnene Kreativität aus sich hervorbringen. Dies alles macht sie lebendig und will auf vielerlei Art durch sie geboren und angenommen werden. Durch dies alles spendet sie sich selbst Leben und gibt es an andere weiter.

Wenn eine Frau nicht Mutter für ein oder mehrere Kinder sein kann, kann ihre mütterliche Energie dazu gedacht sein, vielen Menschen Mutter zu sein. Mir begegnen in meiner Arbeit viele Frauen, die nicht im körperlichen Sinn Mutter und doch im übertragenen Sinn vielfache Mütter sind: Sie machen das Leben anderer Menschen chancenreicher oder freudvoller. Sie fördern oder beschützen. Sie nähren andere in jeweils ganz unterschiedlicher, aber immer fürsorglicher Weise. Viele bewahren auch die Natur, um das Leben auf der Welt zu erhalten. Sie geben anderen ihre mütterlichen Energien weiter.

Damit in diesen vielen verschiedenen Weisen des Mutterseins die eigenen Kräfte nicht aufgebraucht, sondern bewahrt werden, ist von Zeit zu Zeit ein Rückzug ins *rote Zelt* wichtig. Statt anderen zu geben, kann jede Frau dort etwas für sich nehmen und sich stärken. Dazu sollte sie sich dem zuwenden, was sie zur Erneuerung ihrer Kräfte braucht. Jede Frau weiß dabei am besten, was sie ganz persönlich stärkt.

Wir brauchen unsere geistige Kraft des Mutterseins, damit wir unsere eigene weibliche Natur erhalten und uns um sie kümmern. Diese Natur haben wir in der Anpassung an männlich geprägte Gesellschaftsformen zum Teil nicht ausreichend geachtet und verleugnet. Aus dieser Erfahrung des Mutterseins heraus können wir die besondere Lebensenergie des Weiblichen neu wahrnehmen und so unser ganzes Leben wieder ganzheitlicher sehen.

Heute wird beispielsweise jungen Mädchen wenig vermittelt, dass die Menstruation eine Zeit sein kann, sich nach innen zu wenden, um über sich nachzudenken. Sie erfahren selten, dass ihr Körper auch ruhen und sich regenerieren darf. Die Weisheit, dass sich in dieser Zeit ihre inneren Kräfte stärken, ist kaum bewusst. Manche Mädchen suchen zwar instinktiv diesen Rückzug, aber andere bleiben ganz nach außen gerichtet, weil sie von der Bedeutung dieser Zeit nie etwas gehört haben.

Töchter lernen vor allem über ihre Mütter die Wertschätzung des Weiblichen. Diese Tatsache sollte Mütter immer wieder darauf aufmerksam machen, ihren Töchtern die eigene Weiblichkeit nahezubringen. Am Bild des roten Zeltes können wir unseren Töchtern aufzeigen, welche Lebenskraft wir gewinnen, wenn wir schätzen, was uns durch die Natur vorgegeben ist: Dann leben wir unsere weiblichen Phasen auch aus einem anderen Verständnis heraus.

Wird eine Frau schwanger, verspürt sie am Beginn der Schwangerschaft meist den Wunsch, sich zurückzuziehen. Allein schon ihre Müdigkeit bringt sie dazu, sich diesen Freiraum zu nehmen. Die Schwangerschaft ist eine Zeit, in der Frauen intensiv spüren, dass sich ihr bisheriges Leben wandelt und sie neues Leben hervorbringen werden. Auf diesen Umbruch muss sich nicht nur der Körper, sondern auch die Seele einstellen. Auch wenn eine Frau in dieser Zeit alle äußeren Aufgaben erfüllt, ist sie sehr nach innen gerichtet. Sie lernt ihren Körper auf neue Weise kennen und spürt, was in ihr selbst an neuer Lebendigkeit wachsen will. Nicht nur das Kind reift in ihr, auch sie selbst entwickelt sich in ihrer Persönlichkeit weiter.

Als Mutter hält sich die Frau nach der Geburt allein schon wegen des Kindes mehr im häuslichen Bereich auf. Sie ist so wesentlich mehr mit sich selbst konfrontiert als vorher. In dieser Zeit fühlen sich manche Frauen von ihrem bisherigen Leben ausgeschlossen. Sie erleben dieses Ausgeschlossensein als Defizit und sehen nicht die besondere Weisheit, die in dieser Situation verborgen liegt. Die orientalischen Kulturen betrachteten Mutterschaft für eine gewisse Zeit als eine Phase des Eingeschlossenseins, des inneren Wandels, der neue Kräfte schenkt.

Dieser spirituelle Sinn von Einkehr, Wandel und Erneuerung im Muttersein wird heute kaum noch beachtet. Doch es ist für jede Frau eine Herausforderung, sich dieser Zeit des Rückzugs und der Erneuerung aktiv zu stellen. Als Mutter muss sie zu einer neuen Identität finden – denn sie hat jetzt ein anderes Leben als vorher. Es ist eine innere Wandlung, die sie durchlebt – und diese kann auch Zeiten der Einsamkeit brauchen.

Die Wandlung hat den Sinn, dass die Frau die Lebenskräfte aus sich hervorholt, die sie für ihr Muttersein braucht. Sie wird dabei auch immer mehr Weisheit über das Leben an sich gewinnen. In dieser Zeit muss sie gut für sich sorgen und selbst immer wieder mütterliche Energien aufnehmen. Das kann durch die eigene Mutter oder durch Freundinnen, durch Ruhezeiten, die Natur oder durch das Ausleben ihrer Kreativität geschehen.

Einerseits wächst eine Frau in dieser Rückzugszeit in ihre Mutteraufgabe hinein, andererseits wird sie nochmals mit ihren eigenen kindlichen Bedürfnissen konfrontiert. Sie wird wieder erleben, was ihr als Kind Freude und was sie traurig gemacht hat oder was ihr fehlte. Es können Gefühle in ihr auftauchen, die sie verdrängt hatte, und manches Ungelöste kann ihr wieder bewusst werden. Doch diese Erfahrungen gehören zu ihrem Wachsen als Frau. Sie tragen in sich die Chance, sich immer weiter aus der kindlichen Beziehung zu den Eltern zu lösen und zu einer reiferen Form des Frauseins zu finden.

Durch das Kind wird der Kontakt zu den eigenen Eltern meist wieder stärker – und in diesem Kontakt ist eine Frau herausgefordert, immer mehr ihre eigene Persönlichkeit zu entfalten. Dabei wird sie auch immer wieder in alte Verhaltensmuster zurückfallen, von denen sie glaubte, sie schon hinter sich gelassen zu haben. Sie kann aber insgesamt darauf vertrauen, dass ihr Entwicklungsweg immer nach vorne geht, auch wenn mal ein Schritt zurück eingetreten zu sein scheint.

Viele Frauen fühlen sich durch ihr Muttersein gestärkt und durch ihr Kind mehr geerdet. Einige erleben sich viel empfindsamer und meinen, dadurch jetzt schwächer als in ihrem beruflichen Leben zu sein. Sie schätzen häufig ihre anpackende und gestaltende Seite mehr, weil sie auf der Handlungsebene leichter und eindeutiger zeigen können, was sie getan haben.

Als Mütter sind sie dagegen gefordert, intensive Beziehungsarbeit zu leisten: Diese Aufgabe macht manchmal nichts anderes notwendig, als einfach da zu sein. Ihre Früchte sind nach außen hin nicht gleich zu spüren.

In ihrem Haushalt müssen sie sehr flexibel sein, denn sie müssen all ihre Aufgaben aus der Hand geben, wenn das Kind die Nähe der Mutter braucht. Das sind andere Lebenskräfte, als sie vorher gebraucht haben, aber in jeder Weise gleichwertig.

Das Weibliche zu schätzen bedeutet, dass eine Frau ihre Hausarbeit nicht entwerten sollte. Wenn das, was Frauen schon immer getan haben, in ihren eigenen Augen nichts gilt, dann wird die Arbeit zu Hause entwertet und sie wird von einem Minderwertigkeitsgefühl geleitet. Doch seit Urzeiten sind die Arbeiten, die Frauen zu Hause verrichten, auch heilige Gebräuche. Denn wenn sie etwas reinigen, dann fühlen sie sich selbst gereinigter. Wenn sie Ordnung schaffen, ordnet dies innerlich auch sie selbst, und wenn Frauen nähren, kräftigen sie sich und andere. Sie tragen dazu bei, das Leben zu erhalten.

Frauen, die vor ihrer Mutterzeit sehr aktiv in einem Beruf gewirkt haben, können durch die Arbeiten zu Hause mit ihrem mangelnden weiblichen Selbstwertgefühl in Verbindung kommen. Aus diesem Grund haben viele Frauen das Gefühl, sie müssten ihr »Zuhause« verlassen, um ihren Selbstwert wieder zu stärken. Sie spüren in der Mutterzeit häufig, dass sie den Austausch mit anderen Erwachsenen vermissen. Oft sehnen sie sich dann wieder nach ihrer »alten« Identität – nach der damit verbundenen Anerkennung, nach dem eigenen Geld und dem aktiven Gestalten im Beruf.

In solchen Zeiten ist es für eine Frau wichtig, sich nach innen zu wenden und sich bewusst zu machen, was für sie im Moment das Wichtigste ist. Wenn sie auf ihre innere Stimme hört und ihr folgt, wird sie wissen, was sie tun muss. Dies kann auch eine Entscheidung gegen die Aktivität und die unter Umständen von außen herangetragenen Vorstellungen sein. Und gerade weil sich diese Vorstellungen immer wieder ändern, muss sich eine Frau ihnen gegenüber ihre innere Freiheit bewahren: Sie darf sich nicht von den äußeren Strömungen leiten lassen, sondern nur von ihrer ureigenen Natur.

Wenn wir selbst unsere weiblichen Kräfte unterbewerten, dann haben wir die Emanzipation noch nicht erreicht, denn dann haben wir das Gleichwertige all unserer weiblichen Vielfalt noch nicht verinnerlicht.

Verwandlung und neue Kräfte

Verwandlung geschieht, wenn wir bereit sind, etwas loszulassen. Diesem Loslassen folgt ein Gefühl von Leere und aus dieser Leere heraus entsteht das Neue. So vollzieht sich das Leben in den Jahreszeiten und auch in uns. Nur wenn unsere Natur ruhen kann, kann sie sich nach der »Leere« des Winters im Frühjahr kraftvoll erneuern.

Diesen Drang nach Erneuerung spüren heute viele Frauen. Sie haben Lust auf einen Aufbruch, wollen heraus aus alten Gewohnheiten und sich selbst neu erfahren. Sie sind dabei bereit, auch etwas hinter sich zu lassen, weil sie spüren, dass bestimmte Lebensphasen durchlebt und erfüllt sind. Sie wollen andere, neue Seiten ihrer Weiblichkeit kennenlernen und sind neugierig, wie sie diese Seiten leben können.

Erneuerung kann für eine Frau überall dort beginnen, wo sie dem Weiblichen in sich zu wenig Wert gibt. Das kann schon ihr biologischer Rhythmus sein, den sie in seinen Phasen nicht genug geschätzt hat – etwa weil es ihr nicht vermittelt worden ist. Denn trotz Emanzipation und

Aufklärung ist die Zeit der Menstruation heute eher eine wenig thematisierte Zeit. Sie taucht in der Öffentlichkeit fast nur in der Werbung auf – und zwar durch die Frage, wie sie am unauffälligsten gelebt werden kann. Viele Frauen empfinden die Menstruation deswegen auch als Störung – andere aber sehen in ihr eine ganz besondere Zeit.

In der weiblichen Seele können bei der Abwertung der Menstruation durchaus noch uralte Wertungen von »unrein« eine Bedeutung haben. Doch diese Zeiten sind vorbei. Heute muss keine Frau mehr diese Wertungen fortführen. Im Gegenteil: Jede Frau ist frei, ihrem weiblichen Rhythmus eine neue Bedeutung zu geben. Denn für den Wert ihrer Weiblichkeit ist jede Frau erst einmal selbst zuständig.

Das beginnt schon damit, dass sie die Zeit des monatlichen Zyklus nicht als eine weibliche Schwäche ansieht, sondern als eine »heilige« Zeit. Es ist deswegen eine »heilige« Zeit, weil es für jede Frau heilend ist, wenn sie sich dort die Ruhe nimmt, um ihre inneren und äußeren Kräfte wieder aufzufüllen. Es ist zugleich ihre »spirituelle« Zeit, weil die Frau durch die Stille im Innersten spürt, was für sie wirklich wahr ist. Und diese Wahrheit ist letztendlich göttlich: in dieser Wahrheit fehlt einer Frau nichts, da ist sie ganz.

Dass wir Frauen diese Verbindung zu dem, was sich in uns als wahr anfühlt, immer wieder suchen, macht uns stark. Denn dadurch sind wir weniger manipulierbar. Wir bleiben unabhängiger von äußeren Einflüssen und passen uns weniger an. Vielleicht werden wir dadurch unbequemer, aber wir sind authentischer und bewahren uns im Innersten die »freie Frau«.

Wir brauchen unsere Auszeiten im *roten Zelt* gerade dazu, um diese »freie Frau« in uns immer wieder von neuem zu beleben. Dadurch sind wir weniger in Gefahr, unsere Ursprünglichkeit zu verlieren.

Wandlungen und neu gereifte Kräfte erleben Frauen auf vielfältige Weise. Viele Mütter erkennen sie beispielsweise daran, dass ihnen im Lauf der Zeit ganz andere Werte wichtig werden. Sie sehen die Welt auch noch mit den Augen des Kindes und das verändert ihre Einstellung zum Leben. Sie brauchen manches Äußere nicht mehr, das sie einmal für ihren Selbstwert gebraucht haben.

Wenn eine Frau neu erkennen kann, dass Muttersein mit Rückzug, Wandlung und Stärkung ihrer Kräfte verbunden ist, dann wird sie diese Zeit aus einem anderen Selbstbewusstsein heraus leben.

Unsere Verwandlungen geschehen gerade dort, wo wir das Leben eng empfinden. Mitten in dieser Enge entwickeln wir Kräfte, die uns zum Loslassen bewegen und die uns gleichzeitig für etwas Neues öffnen.

Eine tiefe Wandlung erleben Frauen auch in ihren mittleren Jahren. Sie spüren, dass sie für die Phase des Älterwerdens andere Lebenskräfte brauchen als bisher. Manches Gewohnte muss dadurch losgelassen werden und das wird meist schmerzhaft erlebt. Danach folgt eine Zeit des Suchens und der Neuorientierung. In dieser Phase haben Frauen ein großes Bedürfnis nach mehr Ruhe und Spiritualität. Sie brauchen die Besinnung auf ihre inneren Wurzeln, weil dort die Quelle liegt, aus der sie ihre neuen Kräfte entwickeln können.

Nachdem sie durch diesen Prozess der Wandlung gegangen sind, richten sie sich aber mit neu gewonnener Stärke wieder auf. Sie sind innerlich weiter und weiser geworden. Dadurch fühlen sie sich freier, als sie es je zuvor waren. Sie müssen sich auch nichts mehr beweisen, sie wissen, wer sie sind. Jetzt ist ihre Zeit, zur »Großen Mutter« zu werden, zur weisen Frau. Die Weisheit, die sie möglicherweise vorher durch andere Frauen in einem *roten Zelt* aufnehmen konnten, haben sie jetzt in sich selbst gefunden. Und diese Weisheit können sie jetzt an jüngere Frauen weitergeben.

Eigene Rituale finden

In babylonischen Zeiten war der Menstruationstag der Göttin Ischtar geheiligt. Ihr Feier- und Ruhetag wurde auch »Tag der Herzruhe« genannt. So wurden in der damaligen Zeit Mittel und Wege gefunden, den weiblichen Zyklus durch den Festkalender zu würdigen.

Aber wie kann eine Frau heute mitten in ihrem Arbeitsalltag eine Form finden, in dem sie ihrem weiblichen Rhythmus Raum geben kann? Die vielfachen Anforderungen im Beruf erlauben es Frauen kaum, sich zurückzunehmen. Doch es gilt, sich gerade in einer männlich geprägten Arbeitswelt das Weibliche zu bewahren. Das kann ein Mann nicht für sie tun, das kann eine Frau nur für sich selbst tun. Jede Frau braucht die Achtung dafür, dass sie Frau ist. Wenn sie ihre eigene Natur nicht einfach übergeht, sondern selbstbewusst mit ihr lebt, wird sie auch jene Phantasie haben, die ihr zeigt, wie sie sich ihr *rotes Zelt* schaffen kann. Was immer dann andere von ihr wollen, sie kann sich immer wieder fragen: »Was brauche ich?« »Was bin ich mir wert?«

Wenn sie in dieser Zeit ihre sogenannten Launen hat, dann ist dies unter Umständen für sie ein Signal, sich zurückzuziehen. Durch ihre Laune drückt sie möglicherweise aus, dass sie äußerlich etwas tut, was sie innerlich gar nicht tun will.

Wenn eine Frau ihrem biologischen Zyklus Aufmerksamkeit schenken will, dann kann sie sich in dieser Zeit beispielsweise bewusst weniger Termine setzen. Sie kann sich etwas gönnen, was ihrem Körper und ihrer Seele guttut. Sie unterdrückt sich dann nicht selbst, sondern behält Macht über sich.

Wenn sie diese Auszeit nicht als ihre »schwache«, sondern als ihre »heilige« Zeit sieht, dann wird sie heilend mit sich selbst umgehen. Dann wird sie sich Momente oder Stunden gönnen, an denen ihr »Herz zur Ruhe« kommen darf. Wenn eine Frau ihre Weiblichkeit annimmt, kann sie auch zu ihrem ganz persönlichen Rhythmus stehen und selbstbewusst sagen: »*Ab morgen trage ich Rot!*«

Ich sehe nur noch Rot – Die Kraft der Aggression

Rot kann auch eine Farbe sein, die uns aufregt. Denn wenn wir sagen »Ich sehe nur noch Rot«, sind wir innerlich so aufgebracht, dass wir kurz davor sind, die Beherrschung zu verlieren und einen leidenschaftlichen Wutausbruch zu riskieren. Dabei kann unser Blut so in Wallung geraten, dass wir vor Wut sogar rot anlaufen.

Wut ist ein starkes Gefühl und es ist ein Signal, dass etwas nicht stimmt. Vielleicht hat uns jemand gekränkt oder ungerecht behandelt und dann sehen wir Rot, sobald wir diesem Menschen wieder begegnen. Oder wir stecken in einer frustrierenden Situation und werden zunehmend wütender, weil unsere Bedürfnisse und Wünsche immer weniger befriedigt werden. Häufig geben wir anderen auch mehr, als wir wirklich geben wollen oder können und wundern uns dann über unsere Aggression.

Doch unsere Aggression hat immer einen Grund. Denn sobald wir uns in irgendeiner Weise bedroht oder angegriffen fühlen, zeigen wir Aggression. Sie ist der innere Instinkt, den wir dann benutzen, um uns schützen zu können. Aggression zeigt uns deutlich an, dass wir ein Problem haben. Entweder fühlen wir uns durch jemand anderen nicht gut behandelt und wollen uns dagegen wehren oder wir behandeln uns selbst nicht gut und wollen uns auch davor schützen. In diesem Fall kommen wir meist in Situationen, die wir so nicht wollten, weil wir keine Grenzen gesetzt haben, und diese Erkenntnis kann uns genauso wütend machen wie das verletzende Verhalten anderer.

In der Wut sind wir aufgeladen mit Energie. Diese enorme Kraft brauchen wir auch, denn Wut drängt uns immer zur Veränderung. Ob wir diese Kraft allerdings auch nutzen und uns wirklich verändern oder doch alles beim Alten lassen, liegt am Umgang mit unseren Aggressionen.

Doch gerade in diesem Umgehen mit Aggressionen sind wir Frauen alles andere als souverän. Uns wurde lange Zeit auch nicht zugestanden, Wutgefühle offen zu zeigen. Wir wurden leicht als hysterisch oder gleich als Furie bezeichnet, wenn wir unseren aggressiven Gefühlen freien Lauf ließen. Durch solch negative Bewertungen fällt es uns vermutlich heute noch schwer, überhaupt zu merken, dass wir wütend sind. Oder wir unterdrücken unsere Wutgefühle so lange, bis sie irgendwann unkontrolliert aus uns herausbrechen. Möglicherweise richten wir sie auch gegen uns und werden lieber krank, als mit unserer Aggression offen umzugehen. Doch Aggression ist eine feurige Kraft, die wir nutzen können, um uns selbst zu behaupten und unsere Grenzen zu setzen gegen mögliche Verletzungen. Es ist nicht entscheidend, welche Muster wir im Umgang mit Wut gelernt haben, sondern wie wertvoll wir selbst diese Kraft sehen. Sie ist uns gegeben, um uns zu stärken und zu schützen, und dafür können wir sie einsetzen. Um das Wertvolle dieser Kraft zu sehen und damit achtungsvoll umzugehen, müssen wir uns von allem lösen, was wir an Entwertendem über Aggression aufgenommen haben. Denn gerade dadurch sind unsere Ängste und Hemmungen entstanden, die es uns schwer gemacht haben, frei und energievoll damit umzugehen. Diesen Ängsten können wir auf den Grund gehen, um uns dann aber davon zu lösen.

Impulsiver Ausdruck

Mit Aggression können wir ganz unterschiedlich umgehen. Das eine Mal leben wir sie feurig und impulsiv, das andere Mal unterdrücken wir sie und verhalten uns still und passiv. Sie brodelt dann weiter im Innern, aber aus lauter Angst, sie könnte wie ein Vulkan ausbrechen, lassen wir Wutgefühle kaum noch an uns heran. Wir können das Feurige der Wut aber auch als Impuls nehmen, überlegt und klar eine Veränderung anzugehen oder Grenzen zu setzen. Der Umgang mit unserer Wut kann unsere Ohnmacht verstärken oder uns zur Macht über unser Leben führen. Wenn wir eher Angst vor Veränderung und Selbstbehauptung haben, wird unsere Aggression unproduktiv wirken. Wenn wir aber Lust darauf haben, für unsere Überzeugungen einzustehen und uns auch gegen Widerstände durchzusetzen, ohne andere zu verletzen, wird unsere Aggression stärkend wirken.

An unserem persönlichen Ausdruck von Aggression können wir uns bewusst machen, ob wir gehemmt oder energievoll damit umgehen. Denn wir können *Rot* sehen, aber vor der möglichen Bedrohung flüchten oder wir können standhalten und die Bedrohung durch unseren Einsatz von Aggression abwehren.

Sobald wir Zurückweisungen oder Ungerechtigkeiten durch andere Menschen erfahren, erleben wir Schmerz. Wenn dieser Schmerz zu stark wird, haben wir oft keine Worte mehr dafür und können manchmal nur noch mit blinder Wut darauf reagieren. Wir rasten dann innerlich aus, haben unsere Emotionen nicht mehr im Griff und lassen alle angestaute Wut auf einmal heraus.

Auch Situationen, die uns immer wieder überfordern, oder lang anhaltende Stresszeiten können uns dazu bringen, dass wir beim geringsten Anlass vor Wut explodieren. Dann suchen wir ein Ventil für den ständigen Druck, der auf uns lastet, und manchmal scheint uns ein Wutanfall die einzige Möglichkeit zu sein, uns von dieser Spannung zu befreien.

Wenn wir gemeinsame Abmachungen mit anderen getroffen haben und diese werden nicht eingehalten, dann sehen wir häufig nur noch Rot. Wir fühlen uns nicht ernst genommen und wissen auch nicht, was wirklich dahintersteckt. Diese Unsicherheit kann uns so aggressiv machen, dass wir mit verletzenden Worten um uns schlagen. Wir können dabei so von unserer Wut besetzt sein, dass wir andere gar nicht mehr zu Wort kommen lassen. Wenn wir unsere Wutgefühle anderen gegenüber lautstark zum Ausdruck bringen, bedeutet das noch nicht, dass wir damit die Situation verändern. Aber es kann erleichternd sein, unserer Wut auch einmal freien Lauf zu lassen. Und sie wirkt dann in einer spannungsgeladenen Situation wie ein reinigendes Gewitter.

Aggressionen sollen uns jedoch dazu motivieren, dass wir auch nachhaltig etwas verändern. Aber wenn wir uns nach einem Wutausbruch beruhigt haben, geben wir uns häufig wieder mit der Situation zufrieden. Vielleicht schämen wir uns hinterher erst einmal und denken, wir hätten uns gehen lassen und unsere Gefühle nicht unter Kontrolle gehabt. Oder wir haben Selbstzweifel und fragen uns, ob unsere Aggression überhaupt berechtigt war. Dann sehen wir unseren Ausbruch als Schwäche an und meinen, dass uns das nicht mehr passieren dürfe.

Dies erlebt so manche Mutter ihrem Kind gegenüber, wenn sie eine impulsive Wut packt. Wenn ihr Kind den ganzen Tag nörgelt und sie es nicht zufriedenstellen kann, fühlt sie sich frustriert. Und wenn es dann ständig etwas anderes von der Mutter haben will oder wieder einmal nicht isst, was die Mutter gekocht hat, kann die Wut über diese Frustration überschäumen. Mütter erschrecken dabei oft selbst über ihre Aggression und denken, dass sie diese impulsiven Wutgefühle früher nicht gekannt hätten. Doch die Nähe zwischen Mutter und Kind kann manchmal zu viel werden und dann kann Wut der Ausdruck sein, eine gewisse Distanz zu schaffen. Auch wenn ausgesprochene Wünsche der Mutter oder ihre Werte von den Kindern nicht geachtet werden, kann eine Mutter ausrasten. Wenn dann auch noch andere Probleme dazukommen, kann das kleinste Malheur des Kindes die Mutter dazu bringen, dass sie nur noch *Rot* sieht.

Nach einem Wutausbruch gehorchen die Kinder der Mutter zwar meistens für eine gewisse Zeit, aber oft nur aus Angst. Die Mutter selbst hat danach meistens ein Schuldgefühl, weil ihr Verhalten nicht ihrem Ideal einer Mutter entsprochen hat.

Aber anstatt nur an ihren Schuldgefühlen zu leiden, kann sie sich überlegen, welche Kraft sie daraus gewinnen kann. Wenn sie ihre Situation anschaut, kann sie sich ehrlich fragen: »Was ist mir wichtig, was möchte ich geachtet wissen oder wo war ich in dieser Situation ungerecht?« Sie kann vor allem mitfühlend sein und versuchen, sich selbst zu verstehen: »Wie geht es mir überhaupt? Bin ich mir nicht selbst etwas schuldig geblieben, weil ich für meine Bedürfnisse nicht genug Verantwortung übernommen habe und deswegen ausgerastet bin? Was will ich aus der Wut heraus verändern, um sagen zu können: *»Ab morgen trage ich Rot?«*
So verurteilt sie sich nicht wegen ihrer Wut- und Schuldgefühle, sondern sie übernimmt dafür Verantwortung. Sie versucht, sie in eine positive Energie zu verwandeln, indem sie nach der Kraft sieht, die sie daraus beziehen kann.

Ein Wutausbruch kann für uns auch einen Nebeneffekt haben, den wir heimlich genießen können. Denn erst einmal haben wir andere ja damit erschreckt oder sogar eingeschüchtert und das kann uns sogar Macht geben. Vielleicht spüren wir dabei unbewusst, dass wir andere über Wutausbrüche beherrschen können. Dazu können wir leicht verleitet werden, wenn wir uns in anderen Situationen häufig ohnmächtig fühlen. Doch aggressive Ausbrüche, die uns anderen gegenüber mächtig erscheinen lassen, führen nie zu einem befriedigenden Miteinander. Denn wir haben bei anderen höchstens Angst erzeugt und mit Sicherheit auch deren Wut verstärkt. Insgeheim nehmen sie uns vielleicht nicht ernst, weil unsere Autorität nicht aus einer inneren Kraft heraus kommt, sondern nur als äußere Stärke aufgeplustert wird. Durch das Entladen unserer Wut haben wir viel Energie eingesetzt, aber wirklich verändert haben wir deswegen noch nichts. Wir haben zwar *Rot* gesehen, aber keine *rote* Energie daraus gemacht.

Die impulsive Wut einer Frau kann viel bewirken, sie kann aber auch viel zerstören. Gerade wenn eine Frau sich zurückgewiesen fühlt, kann sie so von Wut besessen sein, dass sie nur noch nach Rache sinnt und um jeden Preis verletzen will. »Wie du mir, so ich dir!«, ist dann ihr Motto und ihre Phantasie, wie sie das erreichen kann, ist dabei grenzenlos. Vor dieser vernichtenden Wut einer Frau graut anderen, denn sie ist in ihrer Leidenschaft unberechenbar und kennt keine Schranken mehr. Es ist ihr Versuch, den tiefen inneren Schmerz zu betäuben und diesen Schmerz dafür anderen zuzufügen. Wenn Paare sich trennen, erleben sich Frauen häufig in dieser rasenden Wut, die nach Rache sinnt für erlittene Verletzungen. Ihre beste Waffe für diese Rache sind dann häufig die Kinder, die sie gegen den Vater aufhetzen oder ihm vorenthalten. Sie sehen nur noch *Rot* und dieses *Rot* erleben sie wie ein Erwachen. Auf einmal erkennen sie alles, was sie verletzt oder wo sie sich ständig zurückgenommen haben. Der Beziehung wegen haben sie ihre »kleinen« Wutgefühle ständig unterdrückt und die kommen jetzt mit aller Wucht nach oben. Doch die Verantwortung dafür schieben sie dem Partner zu und nicht sich selbst. Dieses Ausagieren ihrer Rache ist dann auch der Versuch, keine Verantwortung für diese Situation zu übernehmen und nur die Verletzte zu bleiben.

Wenn wir auf bestimmte Situationen übermäßig aggressiv reagieren, tragen wir noch unerledigte Wutgefühle von früher in uns. Der Mensch, der heute unsere Aggression auslöst, bekommt dann häufig noch diejenigen dazu aufgeladen, die wir mit anderen nicht geklärt haben. Wir leben unsere angestaute Wut aus der Vergangenheit stellvertretend an ihm aus. Gerade aus unseren Eltern- oder Geschwisterbeziehungen tragen wir noch »alte« Aggressionen in uns, die wir uns vielleicht nie wirklich bewusst gemacht haben. Aber diese zurückliegenden Aggressionen sind in unseren Wutanfällen immer noch wirksam. Vielleicht hat uns eine Freundin in einer Weise kritisiert, wie wir es von der älteren Schwester gewohnt waren, und dann sehen wir nur noch *Rot.* Alle Wutgefühle von früher brechen auf einmal mit durch und lassen uns außer Kontrolle geraten. Meistens verstehen wir dann die Heftigkeit unserer Reaktion selbst nicht und andere können sie auch selten nachvollziehen.

Wenn wir konfliktscheu sind, weil wir mit unserer Aggression nicht offen umzugehen wissen, vermeiden wir eine Konfrontation mit anderen. Wir sind dann meistens nett, hilfsbereit und zuvorkommend, aber auch besonders anfällig dafür, ausgenutzt zu werden. Andere spüren diese Hemmung bei uns sofort auf. Sie haben dann alle möglichen Ansprüche an uns, weil sie wissen, dass wir kaum eine Grenze setzen und ihnen stattdessen immer freundlich entgegenkommen. Häufig ist unsere Wut blockiert, weil wir Angst haben, weniger gemocht zu werden, wenn wir uns gegen ihre Erwartungen abgrenzen. Wir fürchten aber auch deren Aggression, durch die sie uns angreifen und verletzen könnten, wenn wir Nein sagen. Doch irgendwann erkennen wir, dass wir ausgenutzt werden, und dann sehen wir plötzlich nur noch *Rot.* Entweder setzen wir dadurch klar unsere Grenze und tragen dann auch *Rot* oder wir weichen der Konfrontation wieder aus. Vielleicht gehen wir in die Distanz zu diesen Menschen und erfinden ständig Ausreden, um auf diese Weise unsere Grenze zu setzen. Das *Rot* verblasst dann allerdings zu Rosa.

Wenn offene Aggression in unserer Erziehung nicht erlaubt war, dann können wir uns schwertun, Wut überhaupt zu spüren. Von impulsiver Wut sind wir dann weit entfernt und Ausbrüche werden wir uns schon gar nicht erlauben. Wir wundern uns vielleicht nur, dass wir in bestimmten Situationen müde und lustlos sind, dass wir auch keine Energie haben, etwas Neues anzugehen. Wir beschweren uns vielleicht immer wieder über die gleichen Menschen oder kämpfen mit einer Traurigkeit, die wir uns nicht erklären können. Doch mit Wut, die wir möglicherweise unterdrückt haben, bringen wir diese Empfindungen nicht in Verbindung. Dann brauchen wir viel Spürsinn, unsere Wut überhaupt wieder wahrzunehmen. Wir werden sie allerdings nur aufspüren, wenn wir Lust haben, uns verändern zu wollen. Dafür müssten wir erst einmal loslassen, was wir über Wut gelernt haben. Denn wenn diese Glaubenssätze, die wir einmal übernommen haben, uns keine Kraft geben, sondern uns behindern, dann sind sie für uns ohne Wert. Sie führen uns nicht zum Leben, sondern sie nehmen uns etwas vom Leben. Die Entscheidung für das Leben würde aber heißen, dass wir statt Grau oder Schwarz auch *Rot* sehen wollen, um uns auch feurig und impulsiv zu erleben.

Vor der Wut müssen wir die Angst verlieren und stattdessen die belebende Energie sehen, die neu ordnen, schützen und verändern kann. Deswegen sind unsere Wutausbrüche immer nur dann fruchtbar, wenn wir diese feurige Energie auch für eine Veränderung einsetzen. Wenn wir aber nichts verändern, werden wir uns nur weiter daran aufreiben, dass wir andere verändern wollen, anstatt bei uns selbst zu beginnen. Doch gerade dafür dient uns die Wut als Antriebskraft. Und das kennen wir alle: Wenn wir nach einer Phase, in der wir uns müde und antriebslos gefühlt haben, plötzlich auf eine Wut in uns stoßen, sind wir sofort lebendig. Von einer Minute auf die andere können wir spontan, direkt und tatkräftig sein. Die Wut macht uns entschlossen, durch sie können wir uns behaupten und für unsere Belange einstehen. Ganz klar und bestimmt können wir auf einmal sagen: »*Ab morgen trage ich Rot!*«

Stille Wut

Wir Frauen neigen leicht zur Harmonie und wollen in Konflikten eher ausgleichend wirken. Dabei kommen wir in Gefahr, unsere eigenen Aggressionen zurückzuhalten. Dann verschleiern wir unsere wirklichen Gefühle, um bei anderen keinen Unmut oder sogar Zorn auszulösen. Wir versuchen vielmehr, andere zu verstehen und deren Reaktionen zu deuten, weil wir glauben, dass die Harmonie dann nicht aus dem Gleichgewicht kommt. Nur wir selbst verlieren dabei den Kontakt zu unseren eigenen Gefühlen, insbesondere zu unserer Wut. Doch je mehr wir uns anpassen und je nachgiebiger wir sind, desto mehr staut sich im Inneren unsere unterdrückte Wut.

Wenn wir uns auf diese Art und Weise verhalten, haben wir möglicherweise als Kind unsere Wut sogar offen ausgedrückt, galten dabei aber als »schwierig«. Weil wir nicht »schwierig« sein wollten, haben wir uns vielleicht für das »angenehme« Kind entschieden. Aus diesem Grund können wir heute immer noch die »angenehme« Frau sein, von der man keine schwierigen Auseinandersetzungen zu erwarten hat. Wir wehren uns dann kaum gegen ungerechtes Verhalten, sondern ertragen die Situation, indem wir schweigen. Doch selbst wenn wir unsere Aggressionen nicht zum Ausdruck bringen, suchen sie sich immer ihr Ventil: Statt wütend zu werden, werden wir traurig, fühlen uns verletzt, werden krank oder depressiv. Diese Gefühle scheinen uns weniger »gefährlich« zu sein als offener Widerstand. Dafür zahlen wir allerdings den Preis, dass wir leiden. Dieses Leiden erscheint uns manchmal sogar vertrauter als das eigenständige Handeln.

Obwohl Gefühle von Aggression immer einen Grund haben, sind sie gerade bei uns Frauen immer wieder mit Ängsten verbunden. Wenn wir aber Angst haben, die eigene Wut zu zeigen, dann verdrängen wir sie. Dadurch merken wir bald nicht mehr, dass wir überhaupt Aggressionen haben, weil wir nur noch unsere Ängste spüren. Vielleicht haben wir durch unsere Erziehung verinnerlicht, dass es kein passendes Verhalten sei, Wutgefühle offen und direkt auszudrücken. Dann kann es Angst machen, dies doch zu tun, weil wir dabei den Normen der Eltern untreu werden. Doch dann leben wir im Blick auf Aggressionen immer noch aus der Meinung der Eltern, weil wir selbst keine eigene entwickelt haben. Unseren Aggressionen aber ihren Wert zu geben macht uns erwachsen. Dann wissen wir auch, dass wir nur uns selbst untreu werden können, wenn wir die Verantwortung für unsere Aggressionen nicht übernehmen wollen.

Wenn Frauen ihre aggressiven Emotionen zurückhalten, fürchten sie sich häufig vor Bewertungen. Wie oft mussten Frauen sich anhören, dass sie unweiblich und wenig attraktiv seien, wenn sie ihre Wut gezeigt haben. Die Angst vor solchen Abwertungen lässt Frauen mit ihren Wutgefühlen dann lieber in den Rückzug gehen, als diese Kraft bewusst auszudrücken. Sie wird denjenigen geopfert, die Angst vor der weiblichen Aggression haben.

Männer können die heftigen Wutgefühle einer Frau durchaus fürchten. Sie können Erinnerungen an die wütenden Eltern auslösen, denen sie sich als Kind ausgeliefert gefühlt haben. Solche Erfahrungen haben Männer vielleicht auch mit Lehrern, Ausbildern oder Chefs erlebt. Weil diese Erinnerungen aber häufig abgewehrt werden, können Männer heute Wutgefühle von Frauen ebenso abwehren. Die eigene Verletzlichkeit wird selten gezeigt, dafür wird dann eine Frau in ihrer Wut eher lächerlich gemacht oder mit Ausdrücken wie »Drache« oder »Zicke« abgewertet. Häufig wird sie dazu auch noch als »unweiblich« bezeichnet. Für Männer, die ihre Wut offen ausdrücken, gibt es solche negativen Begriffe allerdings kaum. Frauen aber entwickeln durch solche Bewertungen erst recht Wut- und auch Ohnmachtsgefühle. Doch sie wissen dann immer weniger, wie sie ihre Wut äußern sollen. Wenn ihnen von Männern vielleicht auch noch Schuldgefühle wegen ihrer Aggressionen aufgehängt werden, sind sie manchmal sogar bereit, diese auch anzunehmen. Doch für die Angst des Mannes vor weiblicher Aggression kann eine Frau nicht die Verantwortung übernehmen. Es ist auch selten die reale Angst vor der Aggressivität einer Frau, es ist vielmehr die Angst vor dem eigenen Mannsein. Denn ein Mann, der mit seiner eigenen Aggression bewusst umgehen kann, wird seine Kraft dadurch zeigen, dass er einer Frau in ausufernden Aggressionen eine klare Grenze setzt. Wenn er in einer vertrauten Beziehung zu seiner Verletzlichkeit stehen kann, wird eine Frau auf den Ausdruck ihrer Wut auch besonders achten.

Wenn wir Frauen uns nicht erlauben, die Wut nach außen zu bringen, gehen wir häufig in die Hilflosigkeit. Und wir sind auch hilflos, wenn wir unsere Kraft nicht einsetzen, die wir zur Abgrenzung und zur Selbstbehauptung dringend brauchen. In Konfliktsituationen werden wir dann vielleicht lieber in Tränen ausbrechen, als unseren Standpunkt beharrlich zu vertreten. Oder wir resignieren, ziehen uns emotional zurück und geben vor, es sei uns egal, wie andere die Situation gestalten würden. In unserer Resignation sagen wir dem anderen vielleicht: »Mach doch, was du willst!« So reden wir uns ein, dass es sich nicht lohnen würde, über diese Sache zu streiten. Dabei geben wir unsere eigenen Überzeugungen auf, unterdrücken unsere Wut und wundern uns über unsere depressive Stimmung. Unser Selbstwertgefühl wird dann meistens so gering, dass wir es uns nicht mehr wert sind, eine befriedigende Situation für uns zu schaffen.

Vielleicht haben wir sogar *Rot* gesehen, aber wir verleugnen vor uns selbst, dass wir es gesehen haben. Denn durch dieses Rot könnten wir eine Kraft entwickeln, mit der wir unseren Standpunkt im Miteinander neu setzen könnten. Eine Frau, die lange unter Migräneanfällen gelitten hatte, entschloss sich nach einigen Jahren, deswegen eine Schmerzklinik aufzusuchen. Sie wurde dort angeleitet, ein Schmerztagebuch zu führen, um ihr aufzuzeigen, in welchen Situationen sie am meisten mit Kopfschmerzen reagierte. Daraufhin fand sie heraus, dass sie nach unbefriedigenden Streitgesprächen in der Familie häufig Kopfschmerzen hatte. Sie war diejenige, die mit ihren Wünschen oder ihrer Meinung am ehesten zurücksteckte, weil sie damit auch den Frieden in der Familie wiederherstellen wollte. Weder Mann noch Kinder mussten wirklich nachgeben, denn die Mutter tat es ja für sie. Sie war innerlich zwar immer hin- und hergerissen zwischen der »guten« Ehefrau und Mutter und der Frau, die auch eigene Vorstellungen von ihrem Leben hat. Aber sie fand keinen festen Standpunkt für sich. Befriedigend war diese Situation allerdings für keinen in der Familie. Und niemand fühlte sich gut, wenn die Mutter wegen ihrer Kopfschmerzen wieder leidend und klagend auf der Couch lag. Aber sie bekam durch die Unterstützung der Ärzte den Mut, ihre Wutgefühle zu äußern. Sie traute sich, wirklich *Rot* zu sehen, wenn ihr etwas zu viel war. Erstaunt war sie, wie leicht ihre Familie mit diesem klaren Ausdruck ihrer *roten Energie* umgehen konnte. Diese Frau wollte aus ihrer passiv leidenden Haltung herauskommen und ihre Aggression als Kraft leben und nicht mehr gegen sich selbst richten. Weil sie sich für die Kraft entschieden hat und nicht für das Leiden, hatte sie diese Entschlossenheit, sich zu sagen: »*Ab morgen trage ich Rot!*«

Wenn wir Angst vor unserer Aggression haben, haben wir auch Angst, etwas zu verändern. Wir werden dann statt Wut eher Verzweiflung spüren und uns unfähig fühlen, zu handeln. Doch im Inneren kämpfen wir mit uns selbst. Wir haben uns noch nicht entschieden, was wir eigentlich wollen: Denn die erwachsene Seite in uns will handeln und Kraft zeigen. Dann müssten wir anderen gegenüber vielleicht bestimmter auftreten, unsere Meinung eindeutiger vertreten oder eingefahrene Verhaltensmuster in unseren Beziehungen aufbrechen. Unsere kindliche Seite aber wird erst einmal fragen: »Darf ich überhaupt so stark sein? Werden die anderen mich in dieser Stärke überhaupt mögen oder werden sie aggressiv werden?«

Diese vermeintliche Angst vor anderen ist eher eine Angst vor uns selbst. Würden wir diese Angst vor der eigenen Stärke aber einfach auf die Seite schieben, dann käme ein anderes Gefühl zutage: Dann käme die Freude an der eigenen Kraft, an größerer Unabhängigkeit und mehr Selbstständigkeit ans Licht. Denn wir benutzen häufig die Angst vor Aggression oder vor den anderen, um nicht die Lust auf unsere Selbstbestimmung zuzulassen, mit der wir vieles verändern könnten.

Eine Frau erzählte, dass ihre kleine Tochter an einem Sonntag hohes Fieber gehabt hätte und sie darüber nachdachte, den Kinderarzt zu holen. Sie fragte dann ihren Mann, ob es nicht besser wäre, gleich anzurufen. Ihr Mann war aber der Meinung, dass das auch noch bis Montag Zeit hätte. Während der Nacht wurde das Fieber allerdings so hoch, dass sie schließlich den Notarzt holte. Dieser machte ihr Vorwürfe, warum sie ihn nicht früher gerufen hätte. Daraufhin wurde sie wütend auf ihren Mann und gab ihm die Schuld, dass es so gekommen sei. Sie entlud ihre ganze Wut auf ihn, doch im Grunde war sie wütend auf sich selbst, weil sie nicht gehandelt hatte, wie sie es für richtig empfunden hätte. Sie hätte jederzeit sagen können: »Ich rufe jetzt den Arzt, weil ich davon überzeugt bin, dass es richtig ist.«

Weil sie der Meinung war, als Paar müssten sie hier gemeinsam entscheiden, traute sie sich nicht, selbstständig zu handeln.

In Beziehungen geben Frauen häufig ihre Fähigkeit auf, über sich selbst zu bestimmen. Sie schieben in Entscheidungssituationen gern dem Partner die Kompetenz zu und ärgern sich dann, wenn er anders entscheidet. Diesen Ärger bekommt der Partner dann immer wieder über Vorwürfe und Schuldzuweisungen zu spüren. Eine Frau sieht zwar dann ständig *Rot*, aber sie trägt kein *Rot*, weil diese Aggression nur passiv bleibt und nicht in Kraft umgewandelt wird. Dazu müsste sie erst einmal die Verantwortung für sich und ihren Anteil an der Situation übernehmen. Denn sie hat sich in einer bestimmten Situation nicht für eigenes Handeln entschieden und das ist auch eine Entscheidung. Dafür kann sie nicht ihren Partner verantwortlich machen, sondern nur sich selbst. Sie wird jede Situation mitgestalten, wenn sie ihr Ja oder ihr Nein deutlich ausdrückt. Dadurch verwandelt sie ihre stille Aggression in *rote* Energie, weil sie nicht über eine Situation nörgelt, sondern sie mitbestimmt.

Manche Frauen erzählten mir, dass ihre Partner nicht begeistert seien, wenn sie sich ein Wochenende nehmen würden, um innerlich aufzutanken. Einige Partner seien der Meinung, dass sie das nicht bräuchten und zu Hause doch genug Aufgaben zu erledigen hätten. Die betroffenen Frauen haben sich jedoch von den Argumenten ihrer Partner nicht abbringen lassen. Sie haben die Notwendigkeit gespürt, für sich eine Auszeit zu nehmen, und eigenständig gehandelt.

Doch für die eigenen Bedürfnisse so klar einzutreten, gelingt nicht jeder Frau. Manch eine sagt dann: »Mein Mann will das nicht« und gibt ihren Wunsch für ihn auf. Entweder ist sie sich selbst nicht sicher, ob sie diese Zeit für sich wirklich will, dann kann ihr Mann die Entschuldigung für ihre eigene Unsicherheit sein. Oder sie gibt ihrem Mann einen höheren Stand in der Beziehung als sich selbst. Wenn dies für sie auch so stimmt, ist das eine klare Entscheidung. Doch wenn sie sich über ihren bestimmenden Mann beklagt und bedauert, dass sie wegen ihm manches nicht tun kann, hat sie zwar Aggressionen, aber sie bewirken nichts. Sie opfert dagegen ihren Wunsch, damit ihr Mann sich stark fühlen kann. So hat sie zwar eine gewisse Harmonie nach außen, aber keine im Inneren. Denn wer in einer Beziehung mehr von sich aufgibt, staut auch mehr Aggressionen auf. Diese können dann vielleicht nur durch Krankheit oder Depression einen Ausdruck finden. Auch durch Klagen verfestigt sich nur das Muster, das schon immer so war. Es gibt dabei keine eigene Entwicklung, keinen neuen Impuls und keine *rote* Aggression, die eine Beziehung belebt.

Wenn wir die eigenen Wutgefühle in uns unterdrücken, sind wir immer in Gefahr, sie dann auf feindselige Weise auszudrücken. Wir benutzen sie häufig als Angriff gegen andere oder gegen uns selbst. Dabei machen wir anderen vielleicht immer wieder Vorwürfe oder weisen ihnen auf irgendeine Weise Schuld zu. Vielleicht beschweren wir uns auch ständig über sie oder sagen lächelnden Gesichtes etwas Ironisches über sie, das sie verletzt. Dahinter können wir unsere feindseligen Aggressionen verbergen, ohne eindeutig dazu stehen zu müssen. Wir sehen bei solchen Mustern zwar immer wieder *Rot*, aber wir setzen dieses *Rot* nicht um in eine Kraft, die Beziehungen stärkt. Im Gegenteil, wir schwächen sie durch feindselige Aggressionen. Ähnlich feindselig können wir auch mit uns selbst umgehen, wenn wir unsere Wutgefühle gegen uns richten, anstatt sie zum Ausdruck zu bringen. Wir geraten dabei allerdings in einen Teufelskreis. Denn je mehr wir die Wut unterdrücken, desto mehr staut sie sich in uns an. Und je mehr sie sich anstaut, desto größer wird die Angst, dass sie sich wie ein Dampfkessel entladen könnte. Weil wir davor erst recht Angst haben, benutzen wir unsere ganze Energie, um Wut keinesfalls hochkommen zu lassen. Denn käme sie hoch, müssten wir auch etwas verändern und diese Veränderung blockieren wir. Doch das Unterdrücken unserer Aggression kostet Kraft und das macht uns anfällig für Depressionen, Angstgefühle oder Krankheiten. Wir unterdrücken dabei nicht nur unsere Wut, sondern auch unsere Kreativität, unsere Vorstellungen vom Leben und die Fähigkeit, Beziehungen mit gestalten zu können.

Gerade dann müssen wir *Rot* sehen, um uns zu schützen, wo uns Gefahr droht. Dann ist Wut die Kraft, mit der wir unserem inneren Tyrannen eine Grenze setzen müssen, der uns Wut nicht erlaubt hat. Mit der Unterstützung anderer wird es uns leichter fallen, dass wir unsere Wutgefühle nicht mehr gegen uns richten, sondern lernen, sie für unsere Selbstbehauptung einzusetzen.

Konstruktiv durchsetzen

Wenn wir konstruktiv mit unserer Aggression umgehen wollen, dann müssen wir uns erst einmal von den Mustern aus der Vergangenheit lösen, die uns im Ausdruck der Aggression gehemmt haben. Denn entweder waren unsere aggressiven Gefühle nicht erwünscht oder wir haben sie zerstörerisch erlebt oder verdeckt. Selten aber haben wir sie offen und stärkend erfahren. Wir sind sehr von der Angst vor Aggression geprägt, weil wir damit vor allem die feindselige Seite verbinden, die darauf abzielt, zu verletzen. Wenn wir uns dagegen nicht zu wehren wissen, verstärkt sich unsere Angst vor aggressiven Gefühlen.

Doch es ist Zeit, dass wir diese Angst hinter uns lassen und Aggression wieder als göttliche Kraft sehen, die uns zur Stärkung gegeben ist. Sie ist eine ursprüngliche Energie, mit der wir uns gegen Bedrohungen schützen können und dadurch in unserem innersten Kern unversehrt bleiben. Für diese Unversehrtheit müssen wir eintreten, sofern wir uns selbst etwas wert sind. Sie ist der feste Boden, auf dem wir stehen, wenn wir für unsere Belange einstehen wollen. Wir selbst müssen sie uns bewahren und dazu haben wir die Aggression als Kraft. Gerade durch das Aufblitzen unserer Wutgefühle erkennen wir, wo wir uns stärker abgrenzen oder eine verletzende Situation beenden müssen. Durch sie merken wir erst, wo wir uns beeinträchtigt fühlen, wir zu viel von uns aufgegeben haben oder wo wir mehr über uns bestimmen müssen. Unsere Aggressionen sind gleichzeitig die Herausforderung, dass wir an andere herangehen und uns auch zumuten mit dem, was uns wichtig ist, ohne dass wir verletzen.

Wenn wir die Energie unserer Wut positiv nutzen wollen, müssen wir unsere Wut zunächst anerkennen. Sie ist eine ganz normale, gesunde Emotion. Sie sagt uns, dass wir lebendig und eine gefühlvolle Frau sind. Denn Wut strömt als feurige Energie durch unseren Körper und deswegen dürfen wir sie nicht übergehen. Wir müssen herausfinden, weshalb wir überhaupt so wütend sind, damit wir wissen, was wir zu verändern haben: Wodurch fühlen wir uns so bedroht? Hat jemand uns missachtet, indem er unsere Werte von Ehrlichkeit und Vertrauen nicht geteilt hat? Fühlen wir uns durch jemanden demütigend behandelt oder wurden unsere Fähigkeiten in Zweifel gezogen? Vielleicht erkennen wir, dass wir Ähnliches auch schon in der Kindheit erlebt haben und dass es sich im Grunde wieder um das gleiche Problem handelt.

Für unsere Wut müssen wir Verantwortung übernehmen und verstehen lernen, was sie geweckt hat. Dann sind wir kaum in Gefahr, jemanden aus der Wut heraus zu verletzen. Wir sind vielmehr dazu fähig, für unsere Überzeugungen oder Rechte deutlich einzustehen.

Eine Mutter von zwei Kindern erzählte mir, dass sie nur noch *Rot* sehen würde, wenn Nachbarinnen sie immer wieder ansprechen würden, ob sie denn nur zu Hause sei und nicht arbeiten ginge. Sie empfand diese Fragen nicht nur als Entwertung ihrer Familienarbeit, sondern auch als Einmischung in ihre privaten Angelegenheiten. Aber so klar konnte sie das ihren Nachbarinnen nie sagen. Stattdessen verfing sie sich immer wieder in Rechtfertigungen und das machte sie hinterher noch wütender.

Wie kann sie in dieser Situation die Wut als Kraft für sich nutzen? Sie braucht erst einmal Klarheit über sich selbst. Dazu kann sie sich bewusst machen, wo sie sich in ihren Werten oder Gefühlen angegriffen fühlt und warum die Fragen ihrer Nachbarinnen sie so aufwühlen. Diese Frau entdeckte daraufhin, dass sie sich in ihrem Selbstwert als »Nur-Hausfrau« bedroht fühlte. Durch die Fragen dieser Frauen spürte sie auch ihre eigenen Zweifel. Denn sie erlebte in ihrer Familienarbeit auch frustrierende Situationen und fragte sich manchmal selbst, ob sie nicht noch außerhalb der Familie arbeiten gehen solle.

Wenn sie für diese Selbstzweifel die Verantwortung übernimmt, dann kann die Wut ihr Impuls sein, neu zu klären, was sie in Zukunft will, und ihre Vorstellungen auch deutlich in die Familie einbringen.

Noch mehr Wut spürte sie aber darüber, dass andere ihre persönliche Entscheidung für die Familie nicht einfach stehen lassen konnten, sondern immer wieder nachbohrten. Hier sah sie nur noch *Rot*, weil sie Werte bedroht sah, die ihr persönlich wichtig waren. Zu diesen Werten gehörte auch Toleranz, die anderen zugesteht, eigene Entscheidungen zu treffen, ohne sich dafür rechtfertigen zu müssen. Als ihr das deutlich wurde, hatte sie auf einmal die Kraft, dafür einzustehen.

Wenn wir keine Angst vor unseren Aggressionen haben, dann spüren wir die Freude daran, was wir durch sie bewirken können. Und Frauen haben viel bewirkt durch konstruktive Aggression. Sie haben für ihre Rechte gekämpft und sich für ihre Werte und Ziele eingesetzt. Wir dürfen auch in Zukunft nicht wegschauen, sondern müssen immer wieder *Rot* sehen, um im gesellschaftlichen Leben Ungerechtigkeiten zu erkennen. Dann brauchen wir die Wut vieler Frauen, um Veränderungen anzugehen, ohne andere anzugreifen.

Frauen, die ihre Wut jedoch nicht mehr spüren, weil sie so vergraben ist, können sich zurückerinnern an das erste Mal in ihrem Leben, als sie Wut bewusst empfunden haben. Dann werden sie sich auch daran erinnern, wie Eltern oder andere Menschen auf ihre Wut reagiert haben. Vermutlich spüren sie heute in ähnlichen Situationen ebenfalls Wut, selbst wenn sie sich nicht erlauben, diese offen zu zeigen. Aber die Erinnerungen an erste Wutgefühle sind der Schlüssel dafür, eigene Zeichen von Aggression wiederzuerkennen. Wie immer die Reaktion der Eltern damals war, heute sind sie selbst verantwortlich für ihre Aggression. Das können ganz kleine Schritte sein, die einer Frau wieder das Gefühl geben, dass sie etwas für sich erreichen kann. Wenn sie im Restaurant den Kellner um einen gemütlicheren Tisch bittet und ihn bekommt, wird sie spüren, dass sie sich durchsetzen kann. Vielleicht ist das der Anreiz für sie zu sagen: »*Ab morgen trage ich Rot!*«

Wut ist eine kreative Kraft, mit der wir etwas bewegen und eine Situation für uns verbessern können. Wenn wir unsere Wut offen ausdrücken, haben wir Klarheit und Energie.

Wir können dann die eigenen Vorstellungen direkt und überzeugend vorbringen, ohne andere anzugreifen.

Eine offene Aggression ist immer verbindend. Dann sagt uns jemand ehrlich, wie es ihm mit unserem Verhalten geht, wo seine Grenze ist oder was er von uns braucht. Darauf können auch wir offen reagieren und dann fließt Klarheit und dadurch Lebendigkeit in der Beziehung.

Vorwürfe und Schuldzuweisungen dagegen, die wir von anderen Menschen bekommen, sind Angriffe. Sie zeigen die verletzende Seite der Aggression. Wir können uns dagegen verteidigen oder selbst durch Vorwürfe angreifen, aber beides führt uns nicht wirklich zu Kraft. Wenn wir Aggression konstruktiv leben wollen, dann müssen wir anderen deutlich machen, dass wir ihre Angriffe nicht annehmen. Denn wir wollen deren Kraft spüren, mit der sie uns eindeutig sagen, was sie wollen. Ein Angriff aber ist eine Schwächung und damit haben wir keine gleichberechtigte Ebene. In solchen Fällen müssen wir uns behaupten und diese Ebene herstellen. Wir können jederzeit mitbestimmen, wie wir miteinander umgehen, und uns nicht aufzwängen lassen, was für uns nicht stimmt.

Wenn wir *Rot* sehen und diese Kraft für uns nutzen, indem wir sagen, was wir wollen und was wir nicht wollen, befreien wir uns aus anerzogener Hilflosigkeit. Wir nehmen einen eigenen Standpunkt ein, ohne jemanden an den Rand zu drängen. Dadurch vermitteln wir anderen, dass wir uns nicht in eine Opferrolle drängen lassen, aber auch sie nicht zum Opfer machen. Weil wir viele Erfahrungen damit haben, wie verletzend Aggression sein kann, können gerade wir Frauen uns darum bemühen, sie als aufbauende Kraft einzusetzen. Dafür müssen wir uns aus der Angst befreien. Dann können wir *Rot sehen* und uns mit dieser Energie auf den Weg machen, um zu sagen: »*Ab morgen trage ich Rot!*«

Feuer und Flamme – Mein inneres Feuer

In der griechischen Antike galt Hestia als die Göttin des Herdes und des heiligen Feuers. Solange dieses heilige Feuer auf dem ihr geweihten Altar brannte, war das Leben der Gemeinschaft gesichert. Das Feuer brachte Licht und Wärme in ein Haus und auf ihm konnte man das Essen zubereiten. Im antiken Rom wurde Vesta als Göttin des Herdfeuers verehrt.

Beide Göttinnen – Hestia und Vesta – wurden anfangs nicht figürlich oder im Bild dargestellt, sondern sie waren in der lebendigen Flamme des Feuers anwesend. Zur römischen Göttin Vesta gehörten sechs Priesterinnen – Vestalinnen –, deren Aufgabe es war, ihr heiliges Feuer zu unterhalten. Sie waren weise und wussten, wie sie ein Feuer lebendig halten konnten. Für sie war das Feuer Ausdruck spiritueller Kraft. Diese Kraft durfte nicht ausgehen, da es der Gemeinschaft und den Einzelnen Leben spendete.

Die christlich geprägte Kultur hat diese Weisheiten der Antike übernommen. Die göttliche weibliche Kraft wird im Christentum durch den Heiligen Geist ausgedrückt. Es ist die Kraft, die Verwandlung in uns bewirkt. Dies zeigt etwa das Pfingstfest, an dem die Jünger vom Geist ermutigt werden, auf die Straße zu gehen und vom Wirken Gottes zu erzählen. (Vgl. Apg 2,1–13)

Das hebräische, alttestamentliche Wort für »Geist«, »Ruach«, ist weiblich und bedeutet auch Luft, Wind und Atem. Es zeigt damit Bewegungen an, die frisches Leben in uns hineinbringen. Dieser weibliche Geist ist unsere Weisheit, die uns zeigt, wie wir das Leben für uns und andere erhalten können.

Zum Leben brauchen wir das Feuer. Es ist das einzige der vier Elemente, das wir Menschen selbst erzeugen können. Der Sinn des Feuers ist, Wärme zu geben und Licht zu verbreiten. Wenn wir ein Feuer lebendig halten wollen, müssen wir uns darum kümmern.

Wir müssen es schüren, damit es eine Quelle der Energie bleibt. Es kann uns nutzen, aber es kann uns auch schaden, wenn wir es nicht mehr unter Kontrolle haben. Deswegen müssen wir es im Auge behalten, damit es nicht zu einem gefährlichen Brand wird, der Leben und unseren Lebensraum zerstört.

Begeisterung

Wenn wir sagen »Ich habe Feuer gefangen«, sprechen wir von einem inneren Feuer, das in uns brennt. Ein Funke hat sich entzündet und wir entfachen daraus ein Feuer: Wir sind für etwas begeistert. In diesem »Be-geistert-Sein« sind wir immer vom Geist der Freude erfüllt.

Diese Begeisterung steigert unser Lebensgefühl. Wenn wir für etwas Feuer und Flamme sind, strahlen wir vor Freude und wir fühlen uns kraftvoll und lebendig. Diese

Freude fließt über, wenn wir von einer uns begeisternden Begegnung mit einem Menschen, einer Musik oder einem Naturerlebnis erzählen. Wenn wir begeistert sind, fühlt sich unser Leben leicht an. Dann haben wir Schwung und sind beflügelt, wirken ansteckend und können andere mit unserem Feuer ebenfalls anstecken.

Besonders in der Liebe zu einem anderen Menschen lassen wir uns entflammen, dort erleben wir intensive Gefühle von Zuneigung und Glück. Manche erfahren die anfängliche Begeisterung nur als ein kurzes Auflodern einer Flamme, andere hingegen erleben das tiefe Rot der Liebe. Die kleine Flamme der anfänglichen Begeisterung ist dann zu einem starken Feuer geworden, das lange brennt.

Wir fühlen uns oft wie »Feuer und Flamme«, wenn wir Neues entdeckt haben und dieses Neue unser ganzes Interesse weckt. Oder wenn wir bei einer Sache mit ganzem Herzen dabei sind, schenkt uns diese Begeisterung ungeahnte Energien. Dann spornen wir uns selbst an, wir haben immer wieder neue Ideen und entwickeln diese weiter.

Viele Menschen haben eine große Begeisterungsfähigkeit in sich. Sie »versprühen« Kraft und Lebensfreude und erleben auch selbst in ihrer Begeisterung intensive Glücksmomente. Sie blicken immer nach vorn und dort, wo andere nur Behinderungen vermuten, sehen sie die Chance für etwas Neues. Sie halten ihre Ideen auch gegen Widerstände durch.

Mit einer solchen Begeisterung im Herzen sind Menschen immer wieder zu bedeutenden Leistungen fähig. Dabei schwankt durchaus bei ihnen die Stimmung oder sie haben mangelndes Selbstvertrauen und ihre Zweifel: »Kann das gehen?« Aber sie tragen ihre Begeisterung letztlich durch, weil diese stärker als die Unsicherheiten ist. Sie haben diese Entschlossenheit und dieses Ziel in sich, aus denen heraus sie sagen können: »*Ab morgen trage ich Rot!*«

Die Jahreszeiten der Natur können uns jedes Jahr neu begeistern. Wenn im Frühling die Bäume ihr frisches Grün hervorbringen, wenn Knospen und Blüten aufbrechen, dann schenkt dieses Hervorsprießen neuen Lebens dem Menschen Freude und Hoffnung.

Diese Fülle, die wir in der Natur erleben, ist immer auch in uns. Jede von uns hat ihre besonderen Talente, Gaben und Kreativität, die ihr geschenkt sind. Wenn wir sie einsetzen, macht uns das lebendig und gibt uns Freude und Energie. So könnten wir für uns selbst die gleiche Begeisterung aufbringen wie für die vielfältigen Gaben und Farben, die wir in der Natur bestaunen können.

Doch oft genug ist die Freude über unsere eigenen Fähigkeiten verhaltener. Wir neigen dazu, unser »Licht unter den Scheffel zu stellen«, weil wir unsere Begabungen und Talente als nicht wertvoll genug ansehen.

Manchmal hält uns anerzogene Bescheidenheit davon ab, unser Talent als etwas Besonderes anzuerkennen. Wir halten uns dann eher zurück – aus Angst, sonst auf andere überheblich zu wirken oder deren Neid zu spüren. Wenn ich eine andere Frau auf ihr Talent anspreche, bekomme ich häufig zu hören: »Das ist doch nichts Besonderes. Andere können das viel besser als ich ...«

Aus Unsicherheit und mangelndem Selbstwertgefühl vergleichen wir uns mit anderen. Und wir schließen aus diesem Vergleich, dass unsere Talente zu bedeutungslos seien, um uns und andere dafür wirklich zu begeistern. Oder wir haben uns als Kind mit einer bestimmten Begabung nicht ernst genommen gefühlt – und nehmen uns nun heute damit selbst nicht ernst.

So bleiben wir trotz unserer Talente oft in einem Gefühl der Minderwertigkeit stecken. Wir spüren nicht das Feuer, das durch jede unserer Gaben und Fähigkeiten hindurchbrennen könnte.

Eine Frau entdeckte etwa nach einer langen Krankheit mit Begeisterung wieder ihr Talent zum Malen. Sie meinte, sie hätte diese Begabung seit ihrer Kindheit nicht mehr beachtet, weil sie nie Zeit dafür gehabt hätte. Doch es war nicht allein die mangelnde Zeit, die sie vom Malen abhielt. Sie war in einem sehr pflichtbewussten Elternhaus aufgewachsen und Malen wurde dort als »Tändelei« und als wenig nützlich abgetan. So sah diese Frau ihr künstlerisches Talent mit dem Blick der Eltern – und nicht mit ihrem eigenen Blick der Liebe und Freude für ihre Begabung.

Unsere Talente und Gaben sind zuallererst ein Geschenk an uns, damit wir mehr Freude und mehr Erfülltsein erleben. Aber sie wollen auch gebraucht und genährt werden, damit sie nicht in uns verkümmern.

Dabei kommt es gar nicht darauf an, ob unsere Fähigkeiten von anderen geschätzt werden. Es ist vor allem unsere Aufgabe, sie zu schätzen und Verantwortung für sie zu übernehmen. Sie sind unser inneres Feuer, das brennen muss. Wenn dieses Feuer kalt bleibt, hat es seinen Nutzen verloren. Nur wenn wir es entzünden und immer wieder nähren, kann es uns und dann auch andere wärmen.

Ist eine Frau beispielsweise eine begeisterte Köchin, dann will sie gerne andere mit einem guten Essen an ihrer Freude teilhaben lassen. Sie will ihnen von ihrem »Feuer« geben und sie damit wärmen. Eine Frau, die gerne singt oder musiziert, kann durch die Musik ihre eigene Begeisterung auf andere überspringen lassen. Die Freude, die sie selbst empfindet, wird zu den anderen weiterfließen.

Ich sprach einmal mit einer Frau, die in ihrem Beruf viele Sitzungen und Besprechungen zu führen hatte. Sie sah ihre besondere Gabe darin, die Dinge leicht auf den Punkt zu bringen. Damit sorgte sie für Klarheit und verkürzte langatmige Gespräche. Sie spürte die Freude an dieser Fähigkeit und erkannte sie als ihr »Feuer«, mit dem sie andere anstecken konnte.

Viele Frauen sind sich ihrer Talente deutlich bewusst und setzen sie in ihren alltäglichen Aufgaben, in einem Hobby oder in ihren Beziehungen ein. Das tun sie meist so selbstverständlich, dass dabei der Gedanke an das eigene innere Feuer kaum aufkommt.

Doch um sich für die eigenen Gaben zu begeistern, kann sich jede Frau immer wieder fragen, in welchem Bereich sie die größte Freude empfindet und was ihr am meisten liegt. Dort liegt ihr »Feuer«, dort strahlt sie Kraft und Wärme aus. Diese »Feuerstellen« sollte sich jede Frau von Zeit zu Zeit bewusst machen.

Eine Mutter empfand das Kochen für die Familie oft als lästige Routine. Sie freute sich aber jedes Mal, wenn alle beim Essen zusammensaßen und sie spüren konnte, dass es ihrer Familie auch schmeckte. Sie erkannte auf einmal, dass es diese Freude des gemeinsamen Essens ist, die ihr wieder Begeisterung für das Kochen verleihen konnte.

Viele Mütter fühlen sich in ihren Alltagspflichten zeitweise freudlos. Nicht nur die täglichen Bedürfnisse der Familie zehren an ihnen. Sie sollen zu Hause auch alle Stimmungen der Familie auffangen, vielleicht noch dazu die Wünsche der Eltern oder Schwiegereltern im Blick haben. Ebenso fordern ihre beruflichen oder karitativen Aufgaben einen hohen Einsatz. Dazwischen sollen sie die Hausarbeit tun und sich um das soziale Leben der Familie kümmern. Wenn sie dann noch alles perfekt machen wollen, werden diese Aufgaben anstrengend und überfordernd. Von eigener Begeisterung kann dann oft keine Rede mehr sein.

Es ist ein Ausdruck weiblicher Kraft, wenn wir uns darum kümmern, dass unser inneres Feuer nicht ausbrennt. Das bedeutet, dass wir uns neben allen Pflichten auch immer wieder um unsere Lebensfreude bemühen müssen. Wenn wir dies tun, werden wir Ruhezeiten einplanen und uns ganz persönliche Momente gönnen.

Wir müssen immer wieder »nachlegen«, damit unser Feuer brennen und auflodern kann. Wenn wir unserer weiblichen Weisheit folgen und dies tun, ist das brennende Feuer der Begeisterung unsere lebenserhaltende Kraft.

Wenn wir dagegen ständig von etwas begeistert sind, kann es selten zu einem wirklichen Feuer kommen. Wir geben Beziehungen oder Ideen dann kaum eine Chance, sich zu entwickeln. Wir suchen dabei eher nach dem Gefühl von »Feuer und Flamme« von Anfang an, nach andauernder intensiver Lebendigkeit, die wir empfinden und festhalten wollen. Doch Begeisterung kann nicht immer gleich intensiv sein – sonst ist sie nur Schwärmerei –, sie muss wachsen und hat verschiedene Grade. Wir brauchen immer wieder auch Phasen der Ruhe, um in einen Ausgleich zu kommen, um neue Kraft zu schöpfen. Wahre Begeisterung zeigt sich dann, wenn wir sie auch durch Alltagsgefühle hindurchtragen können und sie je neu zu aktivieren vermögen.

Manche Frauen würden gerne ihre Begabungen stärker zeigen und zum Leuchten bringen. Zugleich spüren sie eine Unsicherheit, weil sie dann auch deutlicher gesehen werden: Sie machen die Erfahrung, dass andere sie häufig gerade in ihren Stärken kritisieren. Diese Kritik kann oft beißend und höhnisch sein. Aus Enttäuschung und aus Angst vor Verletzung nehmen viele Frauen sich lieber zurück und behalten ihre Stärken für sich.

Wenn wir innerlich unsicher sind, sind wir anfällig für Kritik. Dann warten wir auf Wertschätzung durch andere – und werden sie kaum bekommen. Das ist die Herausforderung für uns, die eigenen Talente als wertvoll anzusehen – und dies unabhängig von der Meinung anderer. Unsere Fähigkeiten sind uns gegeben, um unsere Stärken auszudrücken und Freude daran zu haben. Diese Stärken wollen gelebt werden. Wir dürfen sie deshalb nicht anderen opfern.

Doch offensichtlich fühlen sich Frauen durch die Stärken anderer immer wieder in ihrem Selbstwertgefühl bedroht. Sie vergleichen sich mit anderen und neigen dabei gerne zu heimlicher Bewunderung oder Neid. Aber dieses Gefühl kleiden sie häufig in abwertende Worte.

Doch alles, was wir an anderen bewundern oder wofür wir andere beneiden, ist auch in uns. Vielleicht trauen wir uns nicht zu, wie andere ihr Talent leben, aber es ist als Begabung in uns angelegt. Sonst würden uns diese Fähigkeiten bei anderen nicht berühren.

Wir können gerade durch Bewunderung oder Neid uns selbst auf die Spur kommen und versteckte Fähigkeiten in uns entdecken. Andere können uns dann Inspiration sein, durch die wir lernen, unsere eigenen Talente zu entdecken und zur Entfaltung zu bringen.

Wenn wir unsere Begabungen ignorieren, unterdrücken wir einen Teil unserer Persönlichkeit. So verlieren wir auch die Freude, die damit verbunden ist.

Eine Frau spürte beispielsweise schon als junges Mädchen im Singen ihr »Feuer«. Sie sang mit Begeisterung in einem Jugendchor. Wenn sie nach Hause kam, trällerte sie gerne die Lieder, die sie gerade gelernt hatte. Ihre ältere Schwester machte jedoch immer wieder abschätzende Bemerkungen über ihr Singen, die sie verletzten. Und irgendwann wagte sie es nicht mehr, im Beisein ihrer Schwester Lieder zu singen. Sie opferte ihre Begeisterung der Eifersucht ihrer Schwester. Erst als sie erwachsen war, entschied sie sich dafür, ihre Begabung nicht mehr von den Gefühlen anderer abhängig zu machen, sondern das mit Freude zu leben, was ihr gegeben war.

Als ich im letzten Sommer zu einem Frauenfest eingeladen war, habe ich dieses Wärmen am »Feuer« anderer intensiv erlebt. Es war ein warmer Sommertag und wir saßen im Garten der Gastgeberin, an einem idyllischen Platz unter Bäumen. Jede der eingeladenen Frauen stellte sich vor und erzählte von dem, was sie an Begabung in sich erkannt hatte und wie sie dieses Talent lebt. Keine Frau hatte es in diesem Moment nötig, ihr Talent besonders herauszustellen, es versteckte sich aber auch keine Frau mit ihren Fähigkeiten. Jede erkannte einfach ihre besondere Gabe, ihr inneres »Feuer«, das ihr gegeben war und das sie durch ihr Engagement brennen ließ.

Unsere Talente brauchen unsere Begeisterung. Sie sind unsere schöpferischen Kräfte, durch die wir ausdrücken, wer wir sind. Wenn eine Frau eine begeisterte Tänzerin ist, dann drückt sie damit ihre Lebensfreude – vielleicht auch ihre Spiritualität – aus. Ihre inneren Kräfte kommen in dieser Begabung am stärksten für sie zum Ausdruck. Sie zeigt damit auch anderen, wer sie ist.

Feuer gehört auch in unsere Beziehungen. Solange wir uns immer wieder füreinander begeistern können, brennt dieses Feuer und erhält die Beziehung am Leben. Wenn wir aber unser Feuer nicht sorgsam hüten, spüren wir manchmal in unseren Beziehungen nur noch eine schwache Glut. Wenn wir ihr Verlöschen verhindern wollen, müssen wir diese Glut wieder nähren. Doch wie können wir die Glut wieder zu einer Flamme werden lassen?

Beispielsweise kann uns in einer solchen Situation die Erinnerung daran helfen, was uns am Anfang aneinander begeistert hat: Was hat uns an diesem Menschen so angezogen und fasziniert?

Oft »springt« wieder »ein Funke über«, wenn wir uns an die Träume erinnern, die wir miteinander vom Leben hatten. Für manche dieser Träume können wir uns wieder begeistern und dann neue Phantasie entwickeln, wie wir sie leben wollen. Das »Feuer« in unseren Beziehungen nähren wir auch durch jedes aufrichtende Wort und durch liebevolle Aufmerksamkeit für den anderen. Es hängt von unserem Zutun ab, wie wärmend wir das »Feuer« in unseren Beziehungen erfahren.

Auch im Beruf oder in ehrenamtlichen Aufgaben können wir das Gefühl haben, dass nur noch eine schwache Glut glimmt. Auch ein großes Engagement kann zunehmend müde und lustlos werden. Manchmal wissen wir gar nicht, ob wir überhaupt noch etwas »nachlegen« wollen oder ob wir dieses Feuer jetzt besser ausbrennen lassen sollten. Dann werden wir uns entscheiden müssen, wie viel uns diese konkrete Aufgabe wert ist oder ob wir jetzt an anderer Stelle ein neues Feuer entfachen wollen.

Wenn wir uns nur halbherzig für etwas entscheiden, wird aus unserem neuen Tun weder ein richtiges Feuer, noch geht etwas anderes wirklich zu Ende. Wir können beispielsweise immer wieder die gleichen Gefühle von Enttäuschung in uns hochkommen lassen und sie wie eine schwelende Glut am Leben erhalten. Wir entfachen aber daraus kein Feuer, wenn wir nicht bewusst aus der Enttäuschung etwas Positives machen. Manchmal müssen wir Gefühle loslassen und »ins Feuer werfen«. Denn ein wirklicher Neuanfang ist nur möglich, wenn es davor auch ein wirkliches Ende gibt.

Feuer als Verwandlung

Feuer dient eben auch dazu, etwas zu verbrennen, das wir nicht mehr benötigen. Was wir ins Feuer werfen, verwandelt sich zu Asche. So gilt Feuer als starke, verwandelnde Kraft. Einige Menschen werfen bei einem Neuanfang bewusst ein Symbol für das Vergangene ins Feuer, um es zu Asche werden zu lassen. Sie wollen damit ausdrücken, dass sie für einen neuen Schritt frei sein wollen. Sie wollen keine alte, schwelende Glut mehr, sie wollen wieder neues flammendes Feuer.

Ein kraftvolles weibliches Bild für Verwandlung ist der Heilige Geist. Sein Wirken wird in der christlichen Religion am Pfingstfest gefeiert. Es ist der »heilende« Geist in uns, der Prozesse in uns in Gang bringt, die zur Heilung und Befreiung aus unseren Ängsten führen. Dies beschreibt die Erzählung von Pfingsten, wie sie uns die neutestamentliche Apostelgeschichte (2,1–13) überliefert.

Wir haben Angst vor Arbeitslosigkeit, vor Krankheit, Einsamkeit oder Verlassenwerden, wir sorgen uns um unsere Existenz. Unsere Angst ist eine gesunde Reaktion auf eine mögliche Gefahr. Sie ist berechtigt, wenn wir uns einer Bedrohung gegenübersehen. Aber wenn wir überall nur noch Gefahren sehen, dann lähmt uns die Angst. Dann fehlen uns letztlich der Mut und das Vertrauen, dass wir diese Gefahren oder Sorgen überwinden können.

Wenn wir einen neuen Schritt tun wollen und dabei Angst haben, einen »Fehler« zu machen, kann uns dies so lähmen, dass wir gar keinen – oder tatsächlich aus Ängstlichkeit den »falschen« – Schritt machen. Oder wenn wir einmal etwas Ungewohntes tun wollen und Angst davor haben, was »die Leute« dazu sagen könnten, dann müssen wir aus Angst im ewig Gewohnten bleiben und unsere Lebenslust einsperren.

Wenn wir uns eine Beziehung wünschen, aber zugleich die Angst vor Verletzungen nicht überwinden können, bleiben wir immer allein und verschließen uns. Die Angst hält uns dann so besetzt, dass unser Leben immer enger wird.

Wir werden diese Enge dann so lange aushalten müssen, bis wir für einen neuen Geist bereit sind. Wir brauchen zum Aufbruch aus der Enge diesen weiblichen Geist in uns, der aufspürt, wo wir zu wenig Feuer, zu wenig Lebendigkeit haben, und der uns wachrüttelt, damit wir zu neuen Ufern aufbrechen können.

Mit diesem neuen Geist bricht eine Kraft in uns durch: Jetzt ist die Lust auf das Leben und der Mut, etwas zu wagen, wieder da. Dann wollen wir heraus aus unseren Ängsten, heraus aus dem Gewohnten. Jetzt wollen wir Dinge tun, die wir uns vorher nie zugetraut haben. Wir spüren: Unser Feuer brennt wieder.

Eine Frau sprach in einem Seminar ganz entschieden davon, dass sie ihrer Ängste überdrüssig sei und sie nun bewusst ihre Stärken fördern wolle. In ihr brach eine neue Kraft durch und sie spürte, wie diese ihre Lebensfreude steigerte.

In der Pfingstgeschichte (Apg 2,1–13) heißt es, dass sich die Apostel in einem Raum versammelt hatten und dann ein gewaltiger Sturm das Haus erschütterte. Der Heilige Geist ließ seine Feuerkraft wirken. Er holte die Apostel aus ihrer Angst heraus und befähigte sie dazu, mit anderen Zungen zu reden. Das bedeutete, dass sie auf einmal in einer Sprache sprechen konnten, die alle Menschen verstanden.

Wenn wir uns für diesen pfingstlichen, heilenden und ermutigenden Geist öffnen, der uns unsere Angst nimmt, dann werden wir auch anders reden. Denn ohne Angst können wir ganz anders aus uns herausgehen und dann auch selbst sehen, wozu wir fähig sind. Dann reden wir auf einmal wieder von Hoffnung und Vertrauen oder von der Freude und der Heiterkeit, die wir spüren. Wir können dann wie die die Jüngerinnen und Jünger an Pfingsten die verwandelnde Kraft des Geistes Gottes erleben, die sie zu einer Sprache der Begeisterung und der Verbundenheit befähigt hat.

Mit seiner »feurigen« Kraft sind auch wir fähig, unsere Sprache zu verändern. Statt Worte zu verwenden, die trennen, können wir verbindende Zeichen setzen. Statt zu verletzen, können wir aufrichten.

Nicht umsonst ist *Rot* die Symbolfarbe für Pfingsten. Denn der »weibliche« Geist, der von diesem Ereignis ausgeht, steht für Feuer und Flamme. Dieses »Feuer« hat jede Frau in sich. Sie kann es so zum Vorschein bringen, dass sie es auch in ihre Beziehungen »lebensspendend« einbringen kann.

Meine älteste Schwester hat einige Jahre im Ausland verbracht und spricht mehrere Sprachen. Was sie dort an liebevollen Begegnungen erlebt und an geistiger Vielseitigkeit aufgenommen hat, ist prägend für sie geworden. Der Geist, der dadurch von ihr ausgeht, kann das Verbindende unter den Völkern stärken. Mit diesem inneren Feuer, das dem Leben bei sich und bei den anderen auf der Spur ist, verwandelt sie bei den Menschen in ihrer Umgebung anfängliche Unsicherheiten immer wieder in Vertrauen.

Eine andere Frau erzählte mir, dass sie ihre ganze Liebe in die Pflege ihres Gartens legen würde. Vorübergehende Menschen würden oft bewundernd am Zaun stehen und sich von der Buntheit ihrer Blumen angezogen fühlen. Sie hätten ihr öfter gesagt, welche Augenweide ihr Garten sei. Diese Frau schenkt anderen von ihrem Geist der Schönheit und der liebenden Pflege der Natur. Es ist ihr »Feuer«, das sie mit ihrem Garten pflegt und an dem sich andere erwärmen.

So hat jede Frau ihre eigene Lebenskraft des »Feuers«, mit der sie anstecken und verwandeln kann. Nur muss sie es vorher wahrnehmen und immer wieder pflegen!

Schluss

Wir sehen die Welt durch Bilder und Farben und verbinden diese mit besonderen Lebenskräften. Ich habe für dieses Buch die rote Farbe gewählt, die die weibliche Vitalität ausdrücken soll. Ob wir der Liebe ihre blutrote Kraft verleihen oder flammend unsere Begeisterung zeigen, ob wir unser rotes Zelt aufsuchen, die rote Ampel als Signal einschalten oder aus unseren Aggressionen rote Energie gewinnen – in allen Bildern zeigt sich intensives und wirklich lebendiges Leben.

Wir alle haben Ideen, Träume und Wünsche für unser Leben. Wir wollen diese verwirklichen, kämpfen aber auch mit Widerständen. Selbst wenn wir uns und unser Leben verändern wollen, tauchen immer wieder Selbstzweifel, Versagensängste oder äußere Kritik auf. Das darf auch sein, aber es darf uns nicht blockieren. »*Ab morgen trage ich Rot!*« heißt konkret: uns auch mit unseren Ängsten anzunehmen und trotzdem die Veränderung zu wagen. *Rot* bedeutet, Mut zu haben und trotz Hindernissen den direkten Weg zu intensivem Leben zu wählen. Wenn wir dies nicht tun, bleibt nur ein Weg, geprägt von Ausweichmanövern, um der Kritik anderer zu entgehen. *Rot* bedeutet, die eigene Lebenskraft nicht den Stimmen und Meinungen anderer unterzuordnen.

Wenn wir uns mit unseren Stärken und Schwächen annehmen, sind wir frei: frei, zu lachen oder zu weinen, zu ruhen oder aktiv zu sein, zu lieben und zu trauern. Wir dürfen uns den eigenen Gefühlen in ihrer Intensität hingeben und unsere *roten* Lebenskräfte spüren. *Rot* bedeutet, die eigenen Empfindungen ernst zu nehmen und auch daraus zu handeln.

Wenn mir nach Rückzug zumute ist, darf ich mir die Zeit im *roten Zelt* gönnen. Wenn mich alte Verhaltensmuster einengen oder ich mich angegriffen fühle, darf ich anderen mein *rotes Stopp-Schild* vorhalten. Auch wenn eine Liebe das Risiko von Enttäuschungen in sich trägt, darf ich trotzdem oder gerade deshalb meinen *blutroten* Einsatz wagen. Selbst wenn ich mir nicht sicher bin, was letztlich »herauskommt«, darf ich meine Talente nicht zügeln, sondern kann mich ihnen mit Feuer und Flamme widmen. Anstatt Opfer meiner ungelebten Aggressionen zu werden, darf ich *Rot sehen* und meine Gefühle kraftvoll zum Ausdruck bringen.

Mit diesem Buch will ich Ihnen Mut machen, sich von – eigenen und fremden – Erwartungen frei zu machen und sich stattdessen auf Ihren inneren Kern zu besinnen. Vertrauen Sie dabei Ihrer weiblichen Intuition! Sie wird Sie Schritt für Schritt auf Ihrem Weg zu einem leidenschaftlicheren Leben leiten.

Rot leben heißt mit Lust leben. Werden Sie sichtbar, treten Sie heraus und zeigen Sie der Welt, wer Sie sind. So jemanden wie Sie braucht die Welt, brauchen die anderen. Glauben Sie mir, *Rot wird Ihnen gut stehen!*

Linda Jarosch & Pater Anselm Grün

Königin und wilde Frau

Lebe, was du bist!

196 Seiten, gebunden
mit Schutzumschlag
€ 16,90 / € A 17,40 / sFr 30,80
ISBN 3-87868-292-1

Welche Frau fühlt sich schon wie eine Königin? Und wie viele würden sich gar als wilde Frauen bezeichnen? Königin und wilde Frau – zahlreiche Frauen spüren zwar die Faszination dieser Bilder, doch leider erlauben sich die wenigsten diese Facetten der Weiblichkeit. Obwohl sie jede in sich trägt.

Anhand 14 biblischer Archetypen stellen die Autoren Eigenschaften dar, die jede Frau besitzt – mehr oder weniger ausgeprägt: Eva (die Mutter), Sara (die Lachende), Tamar (die wilde Frau), Mirjam (die Prophetin), Esther (die Königin), Maria Magdalena (die Liebende).

Gemeinsam erörtern Linda Jarosch und Anselm Grün, wie Leidenschaft und Liebe, Wildheit und Königtum, Mütterlichkeit und Priestertum, Weisheit, Gerechtigkeitssinn sowie Milde und Kampfgeist im Leben heutiger Frauen aussehen können.

Das Buch zeigt, wie Frauen ihre verschiedenen Eigenschaften und Begabungen stärken und in Einklang bringen können, um ihr Potential voll auszuschöpfen – für eine neue Lust am Leben.

Vier-Türme-Verlag
97359 Münsterschwarzach Abtei
Telefon 09324 / 20292, Fax 09324 / 20495
Email: info@vier-tuerme.de
www.vier-tuerme-verlag.de

Anselm Grün, Magdalena Bogner

Abenteuer Leben
Das spirituelle Familienbuch

224 Seiten, gebunden
mit Schutzumschlag
€ 18,90 / A€ 19,50 / sFr 34,20
ISBN 978-3-87868-177-9

Sich kennenlernen – Verliebt sein – Entscheidung füreinander – Hochzeit – Schwangerschaft und Kindererziehung – Konflikt – Trennung – Scheidung – Miteinander älter werden

Jede Familienphase birgt ihre eigenen Chancen und Herausforderungen, meinen Benediktinerpater Anselm Grün und die Familienexpertin Magdalena Bogner. Die schwieriger werdenden Rahmenbedingungen sollten einen dabei nicht entmutigen.

Das Abenteuer Familie besteht, wer gute Rituale hat, wer den spirituellen Horizont für sich nicht außer Acht lässt und miteinander im Gespräch bleibt. Dabei ist den Autoren klar, dass es die ideale Familie nicht gibt.

Doch gerade in schwierigen Situationen kann man aneinander reifen.

Schwester Johanna Domek

Inspiration für das Leben
Das benediktinische Jahreshörbuch

Hörbuch-CD mit meditativer Instrumentalmusik,
65 Minuten Spielzeit, **Gelesen von der Autorin.**
€ 16,90 / A€ 16,90 / sFr 31,80
ISBN 978-3-87868-673-6

Viele Menschen sehnen sich in ihrem Alltag nach Momenten, in denen sie Sinn und Orientierung finden können. Die Benediktinerin Johanna Domek meditiert in diesem Hörbuch zwölf ausgewählte Legenden aus dem Leben des heiligen Benedikt von Nursia und erschließt sie für das Alltagsleben neu. Ihre Betrachtungen über den faszinierenden Heiligen und Ordensgründer geben Halt und wertvolle Orientierung und bieten im benediktinischen Sinn Inspiration für das Leben.